HandSumbook

통기초 브라질 포르투갈어 생활회화

원마리엘라 지음

정진출판사

이 책의 구성

포르투갈어는 약 2억 6천만 명이 사용하는 언어입니다. 사람들이 흔히 알고 있는 유럽의 포르투갈과 남미의 브라질 이외에도 모잠비크, 앙골라, 카보베르데, 기니비사우, 상투메프린시페 등 여러 아프리카 국가와 동티모르와 마카오에서도 포르투갈어를 사용합니다.

이 책은 관광지에서의 상황, 일상적인 상황, 사업적인 상황 등 필요한 상황에 맞는 주요 회화를 모두 담았으며, 초보자들도 쉽게 따라하고 바로 활용할 수 있게 구성하였습니다.

외국어를 효과적으로 익히는 방법은 무엇보다 단어를 많이 외우고 실제로 쓰이는 문장을 많이 접해 보는 것이 가장 좋습니다. 이 책의 특징은 다음과 같습니다.

- 포켓북 사이즈로 만들어 항상 가볍게 휴대하며 학습할 수 있습니다. 또한 원어민이 녹음한 본문 전체의 mp3 파일을 내려받아 자유롭게 학습에 활용할 수 있습니다.

- 전체적으로 기본적인 회화에서 상황에 따른 적절한 표현들로 내용을 구성하여 쉽게 원하는 표현을 찾으며 학습할 수 있습니다.

- 본문의 주요표현은 이해하기 쉬운 간단한 대화 형식으로 구성하여 학습 효과를 높일 수 있으며, 각 장의 뒤에는 단어의 응용과 어휘력 향상을 위해 본문의 주제와 관련된 단어를 따로 실었습니다.

- 원어민 발음에 가까운 한글 발음을 표기하여 포르투갈어를 처음 접하는 학습자들도 쉽게 익힐 수 있습니다.

목 차

이 책의 구성 ······ 3

제1장 인사와 소개

1. 인사 ······ 10
2. 처음 만났을 때 ······ 12
3. 오랜만에 만났을 때 ······ 14
4. 안부를 물을 때 ······ 16
5. 헤어질 때 ······ 18
6. 누구인지 물을 때 ······ 20
7. 소개하기 ······ 22
8. 국적 묻기 ······ 24
9. 직업 묻기 ······ 26
10. 거주지 묻기 ······ 28
11. 나이를 물을 때 ······ 30
12. 가족 소개 ······ 32

• **관련단어** 가족, 친척 호칭/국가 이름/주요 도시명/직업

제2장 시간과 날씨

1. 시간을 물을 때 ······ 40
2. 요일을 물을 때 ······ 42
3. 날짜를 물을 때 ······ 44
4. 시간에 관한 표현 ······ 46
5. 약속을 정할 때 ······ 48
6. 날씨 표현 1 ······ 50
7. 날씨 표현 2 ······ 52

8. 자연재해 ··· 54
• **관련단어** 날씨/숫자(기수, 서수)/월/요일/날짜

제3장 의견 · 감정 · 관심

1. 긍정의 표현 ··· 62
2. 맞장구 치기 ··· 64
3. 부정의 표현 ··· 66
4. 기쁠 때 ··· 68
5. 기분이 좋지 않을 때 ··· 70
6. 화나거나 놀랐을 때 ··· 72
7. 실망, 불만일 때 ··· 74
8. 위로할 때 ··· 76
9. 칭찬할 때 ··· 78
10. 사과할 때 ··· 80
11. 감사할 때 ··· 82
12. 허락, 허가의 표현 ··· 84
13. 거절할 때 ··· 86
14. 부탁할 때 ··· 88
15. 외모에 대한 표현 ··· 90
16. 성격에 대한 표현 ··· 92
17. 호감을 나타낼 때 ··· 94
• **관련단어** 감정 표현/외모

제4장 일상생활

1. 학교 생활 ··· 100
2. 회사 생활 ··· 102
3. 주거 ··· 104

4. 휴가 계획 ······ 106
5. 취미 생활 ······ 108
6. 스포츠 ······ 110
7. 병원에서 ······ 112
8. 약국에서 ······ 114
9. 우체국에서 ······ 116
10. 미용실에서 ······ 118
11. 도서관에서 ······ 120
12. 은행에서 ······ 122
13. 극장에서 ······ 124
• **관련단어** 직위/사무실/취미, 스포츠/병원, 약국

제5장 전화

1. 전화를 걸 때 ······ 132
2. 전화를 받을 때 ······ 134
3. 부재중일 때 ······ 136
4. 말을 전할 때 ······ 138
5. 기타 전화 상황 ······ 140
• **관련단어** 전화, 휴대폰

제6장 초대 · 방문 · 축하

1. 초대할 때 ······ 144
2. 방문할 때 ······ 146
3. 손님을 맞이할 때 ······ 148
4. 식사를 대접할 때 ······ 150
5. 손님을 배웅할 때 ······ 152
6. 축하의 표현 ······ 154

7. 축복과 기원 ······ 156
• **관련단어** 주요 형용사

제7장 쇼핑 · 식사

1. 물건을 고를 때 ······ 160
2. 옷가게에서 ······ 162
3. 가격 흥정하기 ······ 164
4. 물건 값 계산하기 ······ 166
5. 교환, 반품 ······ 168
6. 음식점 예약 ······ 170
7. 음식 주문하기 1 ······ 172
8. 음식 주문하기 2 ······ 174
9. 맛에 대한 표현 ······ 176
10. 술을 마실 때 ······ 178
11. 식사 시의 기타 요청 ······ 180
12. 식사비 계산하기 ······ 182
• **관련단어** 의류/치수/양념/음료수/음식/맛

제8장 교통

1. 길을 물을 때 ······ 190
2. 길을 안내할 때 ······ 192
3. 버스를 이용할 때 ······ 194
4. 택시를 이용할 때 ······ 196
5. 지하철을 이용할 때 ······ 198
6. 열차를 이용할 때 ······ 200
7. 렌터카를 이용할 때 ······ 202
8. 기내에서 ······ 204
• **관련단어** 교통수단/방향에 관한 표현

제9장 관광

1. 출입국 심사 ········· 210
2. 수하물 찾기 ········· 212
3. 세관에서 ········· 214
4. 방 예약, 방 구하기 ········· 216
5. 체크인 하기 ········· 218
6. 호텔 서비스 ········· 220
7. 각종 문의 ········· 222
8. 체크아웃 하기 ········· 224
9. 관광지에서 ········· 226
10. 사진을 찍을 때 ········· 228

• **관련단어** 비행기/공항 내 주요 안내 표시/호텔

제10장 위급상황

1. 도둑맞았을 때 ········· 234
2. 물건을 잃어버렸을 때 ········· 236
3. 사고를 당했을 때 ········· 238

• **관련단어** 분실, 도난, 사고

부록

▶**초심자를 위한 포르투갈어 막사용 설명서** ········· 242

▶**그림 단어** ········· 244

1. 객실 2. 화장실 3. 컴퓨터
4. 문구류 5. 가전제품 6. 주방
7. 승용차 8. 인체 9. 과일
10. 야채 11. 동물

1장

인사와 소개

1. 인사
2. 처음 만났을 때
3. 오랜만에 만났을 때
4. 안부를 물을 때
5. 헤어질 때
6. 누구인지 물을 때
7. 소개하기
8. 국적 묻기
9. 직업 묻기
10. 출신지, 거주지 묻기
11. 나이를 물을 때
12. 가족 소개

1. 인사

주요표현

A : Oi, Rodrigo.
오이 호드리구

B : Oi, Larissa.
오이 라리싸

A : 안녕, 호드리구.

B : 안녕, 라리싸.

안녕하세요. (아침 인사)

Bom dia.
봉 지아

안녕하세요. (오후 인사)

Boa tarde.
보아 따르지

안녕하세요. (밤 인사)

Boa Noite.
보아 노이치

안녕하세요.

Olá.
올라

잘 지내요?

Tudo bem?
뚜두 벵

잘 지내요. 당신은요?

Tudo bem. E você?

뚜두 벵 이 보쎄

어떻게 지내세요?

Como você está?

꼬무 보쎄 에스따

잘 지내요. 감사합니다.

Estou bem, obrigado.

에스또우 벵 오브리가두

이따 봐요.

Até mais.

아떼 마이스

오늘 기분이 좋습니다.

Hoje me sinto bem.

오지 미 씬뚜 벵

포르투갈어에서는 인사말이 오전, 오후, 밤 시간에 따라서 달라지는데, Olá, Oi(비격식)는 시간과 상관없이 아무 때나 쓸 수 있는 말로, '안녕', '안녕하세요'라는 인사말입니다.

2. 처음 만났을 때

주요표현

A : Meu nome é Boyung.
메우 노미 에 보영

B : Muito prazer. Meu nome é Silvio.
무이뚜 쁘라제르 메우 노미 에 씨우비우

A : 안녕하세요. 제 이름은 보영입니다.

B : 반갑습니다. 제 이름은 실비오입니다.

안녕하세요. 반갑습니다.

Olá. Muito prazer.
올라 무이뚜 쁘라제르

반갑습니다, 저는 줄리아나입니다.

Prazer, eu sou Juliana.
쁘라제르 에우 쏘우 줄리아나

저 역시 만나서 기쁩니다.

O prazer é meu.
우 쁘라제르 에 메우

저도 반갑습니다.

Igualmente.
이구아우멘치

이름이 어떻게 되세요?

Qual é o seu nome?
꽈우 에 우 쎄우 노미

제 이름은 브루누입니다.

O meu nome é Bruno.
우 메우 노미 에 브루누

저는 마리아 아우비스입니다.

Eu sou Maria Alves.
에우 쏘우 마리아 아우비스

성이 어떻게 되세요?

Qual é o seu sobrenome?
꽈우 에 우 쎄우 쏘브리노미

제 성은 김입니다. 당신은요?

O meu sobrenome é Kim. E o seu?
우 메우 쏘브리노미 에 낑 이 오 쎄우

행운을 빌어요!

Boa sorte!
보아 쏘르치

브라질어 회화에서는 소유격 앞에 붙는 정관사(o, a)를 생략하고 사용하는 경우가 많습니다.

O meu nome é Bruno.

→ Meu nome é Bruno. 제 이름은 브루누입니다.

3. 오랜만에 만났을 때

주요표현

A : Quanto tempo! Tudo bem?
꽌뚜 뗑뿌 뚜두 벵

B : Tudo bom. E você?
뚜두 봉 이 보쎄

A : 오랜만입니다! 잘 지내요?

B : 잘 지내요. 당신은요?

잘 지내요?

Como vai?
꼬무 바이

스테피, 넌 어떻게 지내?

Stefi, como vai você?
스떼피 꼬무 바이 보쎄

잘 지내요, 감사합니다. 선생님은요?

Bem, obrigado. E a senhora?
벵 오브리가두 이 아 쎄뇨라

김 선생님은요?

E o senhor Kim?
이 우 쎄뇨르 낑

마르셀루는 잘 지내요?

Como está Marcelo?
꼬무 에스따 마르쎌루

그는 잘 있습니다.

Ele está bem.

엘리 에스따 벵

일은 잘돼요?

Como vão as coisas?

꼬무 바웅 아스 꼬이자스

아주 좋아요.

Tudo ótimo.

뚜두 오치무

나는 실업자입니다.

Estou desempregado.

에스또우 데젬쁘레가두

우리는 직장이 없습니다.

Nós estamos desempregados.

노이스 에스따무스 데젬쁘레가두스

포르투갈과 달리 브라질에서는 상대방을 일컫는 호칭으로 você를 주로 사용하며 3인칭 동사변화를 하면 됩니다. 그리고 격식을 차리거나 예의를 갖출 때는 você 대신 sir, madam에 해당하는 senhor, senhora를 사용합니다. 마찬가지로 3인칭 동사변화를 하면 됩니다.

4. 안부를 물을 때

주요표현

A : Como foi o seu dia hoje?
꼬무 포이 우 쎄우 지아 오지

B : Foi ótimo!
포이 오치무

A : 오늘 하루 어땠어요?

B : 아주 좋았어요!

힘든 하루였어요.

O dia foi cansativo.
우 지아 포이 깐싸치부

오늘은 이상한 하루였습니다.

Hoje foi um dia estranho.
오지 포이 웅 지아 이스뜨라뉴

나의 하루는 괜찮았어요.

O meu dia foi bom.
우 메우 지아 포이 봉

잘 쉬었어요?

Descansou bem?
데스깐쏘우 벵

잘 잤어요?

Você dormiu bem?
보쎄 도르미우 벵

밥 먹었어요?

Já comeu?

자 꼬메우

뭐 먹었어요?

O que você comeu?

우 끼 보쎄 꼬메우

보고 싶었어요.

Senti saudades de você.

쎈치 싸우다지스 지 보쎄

저도요.

Eu também.

에우 땀벵

좋은 꿈 꾸세요.

Bons sonhos.

봉스 쏘뉴스

ser(~이다)는 불규칙동사이며 완전과거형은 다음과 같습니다.

인칭	단수	복수
1인칭	fui[푸이]	fomos[포무스]
2인칭	foste[포스치]	fostes[포스치스]
3인칭	foi[포이]	foram[포랑]

5. 헤어질 때

주요표현

A : Tchau!
차우

B : Até mais! Tenha um bom dia.
아떼 마이스 떼냐 웅 봉 지아

A : 안녕히 가세요!

B : 나중에 봐요! 좋은 하루 되세요.

다음에 봐요!

Até logo!
아떼 로구

나중에 봐요!

Até mais tarde!
아떼 마이스 따르지

좋은 하루 되세요!

Tenha um ótimo dia!
떼냐 웅 오치무 지아

내일 봐요!

Até amanhã!
아떼 아마냐

다음 주에 봐요!

Até a próxima semana!
아떼 아 쁘로씨마 쎄마나

즐거운 주말 되세요.

Bom fim de semana.

봉 핑 지 쎄마나

좋은 한 주 되세요.

Boa semana para você.

보아 쎄마나 빠라 보쎄

그쪽도요.

Para você também.

빠라 보쎄 땅벵

편히 쉬세요.

Bom descanso.

봉 데스깐쑤

몸조심하세요

Cuide-se bem.

꾸이지씨 벵

tenha는 ter(가지다) 동사의 3인칭 단수 접속법 현재형입니다. 접속법 현재형태를 사용하여 명령형을 만들 수 있으며, 주로 você(s)에 대한 명령형 표현으로 사용되어 3인칭 변화를 시켜줍니다.

6. 누구인지 물을 때

주요표현

A : Quem é ele?
겡 에 엘리

B : É o Luís.
에 우 루이스

A : 그는 누구입니까?

B : 루이스 씨입니다.

그녀는 누구입니까?

Quem é ela?
겡 에 엘라

그녀는 나의 직장 동료입니다.

Ela é a minha colega de trabalho.
엘라 에 아 미냐 꼴레가 지 뜨라발류

저 남자는 누구입니까?

Quem é aquele homem?
겡 에 아껠리 오멩

그는 내 상사입니다.

Ele é o meu chefe.
엘리 에 우 메우 셰피

그는 내 고객입니다.

Ele é o meu cliente.
엘리 에 우 메우 끌리엔치

그의 이름은 무엇인가요?

Qual é o nome dele?

꽈우 에 우 노미 델리

그의 이름을 모릅니다.

Eu não sei o nome dele.

에우 나웅 쎄이 우 노미 델리

우리는 같은 회사에서 일합니다.

Nós trabalhamos na mesma empresa.

노스 뜨라발랴무스 나 메스마 엠쁘레자

우리는 서로 잘 아는 사이입니다.

Nós nos conhecemos bem.

노스 누스 꼬녜쎄무스 벵

우리는 직장 동료입니다.

Somos colegas de trabalho.

쏘무스 꼴레가스 지 뜨라발류

dele는 전치사 de와 인칭대명사 ele가 만난 것으로 '그의'를 뜻합니다. 다른 소유형용사와 달리 명사 뒤에 옵니다.

carro dela 그녀의 차

livros deles 그들의 책

*dele(그의), deles(그들의), dela(그녀의), delas(그녀들의)

7. 소개하기

주요표현

A : Este é o senhor Lee.
에스치 에 우 쎄뇨르 리

B : Muito prazer.
무이뚜 쁘라제르

A : 이분은 이 선생님입니다.

B : 반갑습니다.

여기는 제 친구 파울루입니다.

Este é o meu amigo Paulo.

에스치 에 우 메우 아미구 빠울루

여기는 제 친구 리자입니다.

Esta é a minha amiga Lisa.

에스따 에 아 미냐 아미가 리자

이쪽은 제 아내입니다.

Esta é a minha esposa.

에스따 에 아 미냐 에스뽀자

이쪽은 제 남편입니다.

Este é o meu marido.

에스치 에 우 메우 마리두

저를 소개하겠습니다.

Deixe que me apresente.

데이시 끼 미 아쁘레젠치

내 친구 주앙을 소개할게.

Te apresento o meu amigo João.
치 아쁘레젠뚜 우 메우 아미구 주아웅

주앙은 나의 제일 친한 친구야.

João é o meu melhor amigo.
주아웅 에 우 메우 멜료르 아미구

루시아나는 내 치과의사입니다.

Luciana é a minha dentista.
루씨아나 에 아 미냐 덴치스따

저 여자는 내 여자 친구입니다.

Aquela mulher é a minha namorada.
아껠라 물례르 에 아 미냐 나모라다

소유형용사, 소유대명사는 수식하는 명사의 성수를 일치시켜 주어야 합니다.

남성명사	여성명사
단수/복수	단수/복수
meu(s) 나의	minha(s) 나의
teu(s) 너의	tua(s) 너의
seu(s) 당신의, 그의	sua(s) 당신의, 그녀의
nosso(s) 우리의	nossa(s)우리의
vosso(s) 너희의	vossa(s) 너희의
dele(s) 그의	dela(s) 그녀의

8. 국적 묻기

주요표현

A : Senhor Kim, você é coreano?
쎄뇨르 낑 보쎄 에 꼬레아누

B : Sim, eu sou coreano.
씽 에우 쏘우 꼬레아누

A : 미스터 김, 한국인이세요?

B : 네, 한국인입니다.

어디 출신입니까?

De onde você é?
지 온지 보쎄 에

저는 한국에서 왔습니다. 당신은요?

Eu sou da Coreia do Sul. E você?
에우 쏘우 다 꼬레이아 두 쑤 이 보쎄

저는 브라질에서 왔습니다.

Eu sou do Brasil.
에우 쏘우 두 브라지우

그는 독일 출신입니다.

Ele é da Alemanha.
엘리 에 다 알레마냐

당신의 국적은 어디인가요?

Qual é a sua nacionalidade?
꽈우 에 아 쑤아 나씨오날리다지

저는 한국인입니다.

Eu sou coreana.

에우 쏘우 꼬레아나

레치시아는 브라질 사람입니다.

Letícia é brasileira.

레치시아 에 브라질레이라

알레샨드리는 중국인이 맞죠?

Alexandre é chinês, não é?

알레샨드리 에 시네이스 나웅 에

데니스 씨의 국적은 어디인가요?

Qual é a nacionalidade do Denis?

꽈우 에 아 나씨오날리다지 두 데니스

그는 러시아인입니다.

Ele é russo.

엘리 에 후쑤

출신은 'ser+de+국명'이나, 'ser+국민' 두 가지 표현으로 나타낼 수 있습니다. 그리고 국가의 성에 따라 do, da가 됩니다. 예를 들어, 브라질 출신은 'ser+de+o Brasil'이므로 sou do Brasil가 됩니다.

9. 직업 묻기

주요표현

A : Qual é a sua profissão?
꽈우 에 아 쑤아 프로피싸웅

B : Eu sou escritor.
에우 쏘우 에스끄리또르

A : 무슨 일을 하십니까?
B : 저는 작가입니다.

무슨 일을 하세요?

O que você faz?
우 끼 보쎄 파이쓰

저는 영어 선생님입니다.

Eu sou professor de inglês.
에우 쏘우 쁘로페쏘르 지 잉글레이스

그녀는 의사입니다.

Ela é doutora.
엘라 에 도우또라

그는 치과의사입니다.

Ele é dentista.
엘리 에 덴치스따

아르투르는 변호사입니다.

Artur é advogado.
아르뚜르 에 아지보가두

내 남자 친구는 사업가입니다.

O meu namorado é empresário.

우 메우 나모라두 에 엠쁘레자리우

내 여자 친구는 공무원입니다.

A minha namorada é funcionária pública.

아 미냐 나모라다 에 푼씨오나리아 뿌블리까

그들은 대학생입니다.

Eles são estudantes universitários.

엘리스 싸웅 에스뚜단치스 우니베르씨따리우스

제시카는 브라질 대사관 직원입니다.

A Jéssica é funcionária da Embaixada do Brasil.

아 제씨까 에 푼씨오나리아 다 엠바이샤다 두 브라지우

저는 자영업자입니다.

Eu sou trabalhador autônomo.

에우 쏘우 뜨라발랴도르 아우또노무

▶근무 형태 표현

trabalho formal 정규직

trabalho temporário 임시직

trabalho não remunerado 무급 근로

10. 거주지 묻기

주요표현

A : Onde você mora?
온지 보쎄 모라

B : Eu moro em Seul.
에우 모루 엥 쎄우

A : 어디 사세요?

B : 서울 삽니다.

마리아나는 상파울루에 삽니다.

Mariana mora em São Paulo.
마리아나 모라 엥 쌍 빠울루

저는 서울에 살지만 고향은 대구입니다.

Eu moro em Seul mas a minha cidade natal é Daegu.
에우 모루 엥 쎄우 마스 아 미냐 씨다지 나따우 에 데구

직장은 서울이지만 근교에 삽니다.

Eu trabalho em Seul mas moro no subúrbio.
에우 뜨라발류 엥 쎄우 마스 모루 누 쑤부르비우

나는 한평생 브라질에서 살았습니다.

Morei a vida inteira no Brasil.
모레이 아 비다 인떼이라 누 브라지우

제 남자 친구는 미국에 삽니다.

Meu namorado mora nos Estados Unidos.
메우 나모라두 모라 누스 이스따두스 우니두스

혼자 사세요?

Você mora sozinho?

보쎄 모라 쏘지뉴

나는 부모님과 함께 도쿄에 삽니다.

Eu moro em Tóquio com meus pais.

에우 모루 엥 또끼우 꽁 메우스 빠이스

로레나는 파리에 혼자 삽니다.

Lorena mora sozinha em Paris.

로레나 모라 쏘지냐 엥 빠리스

예진이는 남편과 함께 부에노스 아이레스에서 삽니다.

Yejin mora com seu esposo em Buenos Aires.

예진 모라 꽁 쎄우 에스뽀주 엥 부에노스 아이레스

마리아와 주제는 같이 삽니다.

Maria e José moram juntos.

마리아 이 주제 모랑 준뚜스

morar no Brasil에서 no는 전치사 em과 정관사 o가 만난 것입니다.

단수 em+o = no / em+a = na

복수 em+os = nos / em+as = nas

11. 나이를 물을 때

주요표현

A : Quantos anos você tem?
꽌뚜스 아누스 보쎄 뗑

B : Tenho 27 anos.
떼뉴 빙치쎄치 아누스

A : 몇 살입니까?

B : 27살입니다.

나이가 어떻게 되세요?

Qual é a sua idade?
꽈우 에 아 쑤아 이다지

아버지 연세가 어떻게 돼요?

Qual é a idade do seu pai?
꽈우 에 아 이다지 두 쎄우 빠이

아버지는 몇 살이세요?

Quantos anos seu pai tem?
꽌뚜스 아누스 쎄우 빠이 뗑

제 아버지는 56세입니다.

Meu pai tem 56 anos.
메우 빠이 뗑 씽꾸엔따 이 쎄이스 아누스

당신은 몇 년 생입니까?

Em que ano você nasceu?
엥 끼 아누 보쎄 나쎄우

저는 1990년생입니다.

Eu nasci em 1990.

에우 나씨 엥 미우 노베쎈뚜스 이 노벤따

그녀는 1958년생입니다.

Ela nasceu em 1958.

엘라 나쎄우 엥 미우 노베쎈뚜스 이 씽꾸엔따 이 오이뚜

내가 태어났을 때 어머니는 25세였습니다.

Quando eu nasci a minha mãe tinha 25 anos.

꽌두 에우 나씨 아 미냐 마잉 치냐 빙치씽꾸 아누스

저는 30살입니다.

Eu tenho 30 anos.

에우 떼뉴 뜨링따 아누스

우리는 동갑입니다.

Nós temos a mesma idade.

노스 떼무스 아 메스마 이다지

우리는 같은 해에 태어났습니다.

Nascemos no mesmo ano.

나쎄무스 누 메스무 아누

내가 당신보다 나이가 많습니다.

Eu sou mais velho que você.

에우 쏘우 마이스 벨류 끼 보쎄

---

12. 가족 소개

주요표현

A : Você tem uma família grande ou pequena?
보쎄 뗑 우마 파밀리아 그란지 오우 뻬께나

B : Tenho uma família grande.
떼뉴 우마 파밀리아 그란지

A : 당신의 가족은 대가족인가요, 소가족인가요?

B : 저의 가족은 대가족입니다.

우리 가족은 5명입니다.

Somos uma família de 5 pessoas.
쏘무스 우마 파밀리아 지 씽꾸 뻬쏘아스

우리 가족은 어른 2명 아이 3명입니다.

Somos uma família de 2 adultos e 3 crianças.
쏘무스 우마 파밀리아 지 도이스 아두뚜스 이 뜨레이스 끄리안싸스

저는 가족과 같이 삽니다.

Eu moro com a minha família.
에우 모루 꽁 아 미냐 파밀리아

당신은 형제자매가 있나요?

Você tem irmãos?
보쎄 뗑 이르마웅스

네, 여동생이 있습니다.

Sim, tenho uma irmã mais nova.
씽 떼뉴 우마 이르망 마이스 노바

누나와 형이 있습니다.

Tenho uma irmã e um irmão.

떼뉴 우마 이르망 이 웅 이르마웅

친척 있으세요?

Você tem primos?

보쎄 뗑 쁘리무스

당신은 첫째 아들인가요?

Você é o primeiro filho?

보쎄 에 우 쁘리메이루 필류

아니요, 저는 막내입니다.

Não, eu sou caçula.

나웅 에우 쏘우 까쑬라

저는 외동아들입니다.

Eu sou filho único.

에우 쏘우 필류 우니꾸

관련단어

가족, 친척 호칭

pai	빠이	아버지
mãe	마이	어머니
avô / vovô	아보 / 보보	할아버지
avó / vovó	아보 / 보보	할머니
pais	빠이스	부모님
tio	치우	삼촌, 큰아버지
tia	치아	이모, 숙모
primo / prima	쁘리무 / 쁘리마	사촌
sobrinho / sobrinha	쏘브리뉴 / 쏘브리냐	조카
esposa	에스뽀자	아내
esposo	에스뽀주	남편
filho	필류	아들
filha	필랴	딸
parente	빠렌치	친척
genro	젠후	사위
nora	노라	며느리
sogro	쏘그루	시아버지, 장인
sogra	쏘그라	시어머니, 장모
cunhado	꾸냐두	처남, 매부, 시동생, 형부
cunhada	꾸냐다	시누이, 올케, 처형, 처제

국가 이름

Coreia do Sul	꼬레이아 두 쑤	한국

Portugal	뽀르뚜가우	포르투갈
Brasil	브라지우	브라질
Estados Unidos	에스따두스 우니두스	미국
Canadá	까나다	캐나다
México	메시꾸	멕시코
Argentina	아르젠치나	아르헨티나
Paraguai	빠라과이	파라과이
Colômbia	꼴롬비아	콜롬비아
Chile	실리	칠레
Bulgária	불가리아	불가리아
Alemanha	알레마냐	독일
Inglaterra	잉글라떼하	영국
França	프란싸	프랑스
Suécia	쑤에씨아	스웨덴
Suíça	쑤이싸	스위스
Noruega	노루에가	노르웨이
Espanha	에스빠냐	스페인
Bélgica	베우지까	벨기에
Irlanda	이를란다	아일랜드
Grécia	그레씨아	그리스
Finlândia	핀란지아	핀란드
Turquia	뚜르끼아	터키
Rússia	후씨아	러시아
Polónia	뽈로니아	폴란드
China	시나	중국
Japão	자빠웅	일본
Tailândia	따일란디아	태국
Vietnã	비에치나	베트남

관련단어

Índia	인디아	인도
Malásia	말라지아	말레이시아
Coreia do Norte	꼬레이아 두 노르치	북한
Filipinas	필리삐나스	필리핀
Afeganistão	아페가니스따웅	아프가니스탄
Iraque	이라끼	이라크
Israel	이스하에우	이스라엘
Áustria	아우스뜨리아	오스트리아

주요 도시명

Seul	쎄우	서울
Lisboa	리스보아	리스본
Brasília	브라질리아	브라질리아
Paris	빠리스	파리
Londres	론드레스	런던
Roma	호마	로마
Nova Iorque	노바 이오르끼	뉴욕
Cidade do México	씨다지 두 메시꾸	멕시코시티
Moscovo	모스꼬부	모스크바
Estocolmo	에스또꼬우무	스톡홀름
Copenhague	꼬뻰하기	코펜하겐
Pequim	뻬낑	북경
Tóquio	또끼우	도쿄
Hanói	하노이	하노이
Bancoque	방꼭	방콕
Singapura	씬가뿌라	싱가포르

직업

funcionário / funcionária	푼씨오나리우 / 푼씨오나리아	직원
policial	뽈리씨아우	경찰
bancário / bancária	반까리우 / 반까리아	은행원
cozinheiro / cozinheira	꼬지녜이루 / 꼬지녜이라	요리사
médico / médica	메지꾸 / 메지까	의사
enfermeiro / enfermeira	인페르메이루/인페르메이라	간호사
pintor / pintora	삔또르 / 삔또라	화가
trabalhador / trabalhadora	뜨라발랴도르 / 뜨라발랴도라	노동자
estudante	에스뚜단치	학생
professor / professora	쁘로페쏘르 / 쁘로페쏘라	선생님
jornalista	조르날리스따	기자
cientista	씨엔치스따	과학자
pesquisador / pesquisadora	뻬스끼싸도르 / 뻬스끼싸도라	연구원
motorista	모또리스따	운전사
arquiteto / arquiteta	아르끼떼뚜 / 아르끼떼따	건축가
político / política	뽈리치꾸 / 뽈리치까	정치인
advogado / advogada	아지보가두 / 아지보가다	변호사
juiz / juíza	주이쓰 / 주이싸	판사
cabeleleiro / cabeleleira	까벨렐레이루 / 까벨렐레이라	미용사
dona de casa	도나 지 까자	주부
bombeiro	봄베이루	소방관

관련단어

vendedor / vendedora	벤데도르 / 벤데도라	판매원
empresário / empresária	엠쁘레싸리우 / 엠쁘레싸리아	사업가
funcionário público / funcionária pública	푼씨오나리우 뿌블리꾸 / 푼씨오나리아 뿌블리까	공무원
guia	기아	여행가이드
técnico / técnica	떽니꾸 / 떽니까	기술자
secretário / secretária	쎄끄레따리우 / 쎄끄레따리아	비서
chefe	셰피	사장
diretor de cinema	지레또르 지 씨네마	영화감독
ator	아또르	배우
atriz	아뜨리쓰	여배우
cantor / cantora	깐또르 / 깐또라	가수
estilista	에스칠리스따	패션 디자이너
modelo	모델루	모델

2장

시간과 날씨

1. 시간을 물을 때
2. 요일을 물을 때
3. 날짜를 물을 때
4. 시간에 관한 표현
5. 약속을 정할 때
6. 날씨 표현 1
7. 날씨 표현 2
8. 자연재해

1. 시간을 물을 때

주요표현

A : Que horas são?
끼 오라스 싸웅

B : São duas da tarde.
싸웅 두아스 다 따르지

A : 몇 시예요?

B : 오후 두 시입니다.

지금 몇 시인가요?

Que horas são agora?
끼 오라스 싸웅 아고라

오후 한 시입니다.

É uma hora da tarde.
에 우마 오라 다 따르지

10시 정각입니다.

São dez em ponto.
싸웅 데이쓰 엥 뽄뚜

8시 반입니다.

São oito e meia.
싸웅 오이뚜 이 메이아

8시 50분입니다.

São oito e cinquenta.
싸웅 오이뚜 이 씬꾸엥따

9시 10분 전입니다.

São dez para as nove.
싸웅　데쓰　빠라　아스 노비

11시에 미팅이 있습니다.

Tenho uma reunião às onze horas.
떼뉴　우마　헤우니아웅 아스 온지　오라스

1시 30분에 약속이 있습니다.

Tenho um compromisso às uma e trinta.
떼뉴　웅　꼼쁘로미쑤　아스 우마　이 뜨링따

몇 시에 나갈 거니?

A que horas você vai sair?
아 끼　오라스　보쎄　바이 싸이르

곧이요.

Daqui a pouco.
다끼　아 뽀우꾸

daqui는 전치사 de와 '여기'를 뜻하는 aqui의 결합형입니다.

2. 요일을 물을 때

주요표현

A : Que dia da semana é hoje?
끼 지아 다 쎄마나 에 오지

B : Hoje é domingo.
오지 에 도밍구

A : 오늘은 무슨 요일인가요?

B : 오늘은 일요일입니다.

지난 주말에 어디 갔어요?

Onde você foi no fim de semana?
온지 보쎄 포이 누 핑 지 쎄마나

토요일에는 뭐 했어요?

O que você fez no sábado?
우 끼 보쎄 페쓰 누 싸바두

최근에 매우 바빴습니다.

Eu estava muito ocupado ultimamente.
에우 에스따바 무이뚜 오꾸빠두 우치마멘치

화요일까지 프로젝트를 마칠 수 있습니까?

Você poderia terminar o projeto até a terça-feira?
보쎄 뽀데리아 떼르미나르 우 쁘로제뚜 아떼 아 떼르싸 페이라

금요일까지 끝내도록 노력하겠습니다.

Vou tentar terminar até a sexta.
보우 뗀따르 떼르미나르 아떼 아 쎄스따

최선을 다하겠습니다.

Farei o meu melhor.

파레이 우 메우 멜료르

약속합니다.

Eu prometo.

에우 쁘로메뚜

이 프로젝트를 마친 후에 휴가를 낼 거야.

Vou tirar férias depois de acabar este projeto.

보우 치라르 페리아스 데뽀이스 지 아까바르 에스치 쁘로제뚜

넌 그럴 만한 자격이 있어.

Você merece.

보쎄 메레씨

주말에는 무엇을 할 계획인가요?

O que você vai fazer no fim de semana?

우 끼 보쎄 바이 파제르 누 핑 지 쎄마나

'~를 할 것이다'라는 단순미래를 표현하기 위해 동사의 직설법 미래형을 사용할 수 있지만 일상회화에서는 'ir(동사변화)+동사원형'의 형태를 많이 사용합니다.

Ele **fará** um bolo hoje. 그는 오늘 케이크를 만들 것이다.

Ele **vai fazer** um bolo hoje. 그는 오늘 케이크를 만들 것이다.

3. 날짜를 물을 때

주요표현

A : Que dia é hoje?
끼 지아 에 오지

B : É 7 de julho.
에 쎄치 지 줄류

A : 오늘은 며칠인가요?

B : 7월 7일입니다.

오늘이 며칠이죠?

Que dia é hoje?
끼 지아 에 오지

오늘은 6월 3일입니다.

Hoje é 3 de junho.
오지 에 뜨레이스 지 주뉴

오늘이 5월 5일인가요?

Hoje é 5 de maio?
오지 에 씽꾸 지 마이우

아니요, 5월 6일입니다.

Não, é 6 de maio.
나웅 에 쎄이스 지 마이우

생일이 언제입니까?

Quando é seu aniversário?
꽌두 에 쎄우 아니베르싸리우

8월 20일입니다.

É 20 de agosto.

에 빙치 지 아고스뚜

여름방학은 언제 시작합니까?

Quando começam as férias de verão?

꽌두 꼬메쌍 아스 페리아스 지 베라웅

방학은 7월 말에 시작합니다.

As férias começam no final de julho.

아스 페리아스 꼬메쌍 누 피나우 지 줄류

신학기는 언제 시작합니까?

Quando começa o novo semestre?

꽌두 꼬메싸 우 노부 쎄메스뜨리

9월 초에요.

No início de setembro.

누 이니씨우 지 쎄뗌브루

포르투갈어로 날짜는 일, 월, 연도 순으로 씁니다. 우리나라의 어순과는 반대입니다.

8 de junho de 2019 = 2019년 6월 8일

주요표현

A : Este relógio está certo?
에스치 헬로지우 이스따 쎄르뚜

B : Sim, claro.
씽 끌라루

A : 이 시계 맞아요?

B : 네, 그럼요.

저는 스마트워치를 씁니다.

Eu uso relógio inteligente.
에우 우주 헬로지우 인뗄리젠치

제 시계는 10분 빠릅니다.

Tenho o meu relógio dez minutos adiantado.
떼뉴 우 메우 헬로지우 데즈 미누뚜스 아지안따두

저 시계는 5분 느립니다.

Aquele relógio está cinco minutos atrasado.
아껠리 헬로지우 이스따 씽꾸 미누뚜스 아뜨라자두

이 시계는 고장났습니다.

Este relógio não funciona.
에스치 헬로지우 나웅 푼씨오나

시계 배터리가 다 됐네요.

A bateria do relógio acabou.
아 바떼리아 두 헬로지우 아까보우

배터리를 교환해 주세요.

Gostaria de trocar a bateria.

고스따리아 지 뜨로까르 아 바떼리아

제 손목 시계를 고쳐 주실 수 있을까요?

Poderia consertar o meu relógio de pulso?

뽀데리아 꼰쎄르따르 우 메우 헬로지우 지 뿌쑤

수리하는 데 한 시간 걸릴 거예요.

Vai demorar uma hora para consertar.

바이 데모라르 우마 오라 빠라 꼰쎄르따르

나 늦었어!

Estou atrasada!

이스또우 아뜨라자다

직장에 지각할 것 같아요.

Acho que vou chegar atrasada ao trabalho.

아슈 끼 보우 셰가르 아뜨라자다 아우 뜨라발류

그는 곧 도착합니다.

Ele vai chegar em breve.

엘리 바이 셰가르 엥 브레비

내일은 조금 더 일찍 일어나야 합니다.

Eu preciso acordar mais cedo amanhã.

에우 쁘레씨주 아꼬르다르 마이스 쎄두 아마냐

주요표현

A : Vamos combinar um almoço?
바무스 꼼비나르 웅 아우모쑤

B : Ok, vamos.
오께이 바무스

A : 언제 같이 점심 먹을까요?

B : 네, 좋아요.

당신이 가능할 때 알려주세요.

Me avise quando você puder.
미 아비지 꽌두 보쎄 뿌데르

시간 될 때 연락 주세요.

Me ligue quando tiver tempo.
미 리기 꽌두 치베르 뗑뿌

다음 주 어때요?

Que tal na próxima semana?
끼 따우 나 쁘로씨마 쎄마나

다음 주 화요일에 시간 있어요?

Você está livre na próxima terça-feira?
보쎄 에스따 리브리 나 쁘로씨마 떼르싸 페이라

목요일에는 돼요?

Você pode na quinta-feira?
보쎄 뽀지 나 낀따 페이라

목요일 아주 좋아요.

Quinta-feira está ótimo.
낀따 페이라 에스따 오치무

네, 그럼 그때로 해요.

Ok, combinado.
오께이 꼼비나두

나탈리아도 부를까요?

Vamos chamar a Natália?
바무스 샤마르 아 나딸리아

정오 이후에 괜찮아요?

Depois do meio-dia está bom?
데뽀이스 두 메이우 지아 에스따 봉

좋습니다. 그때 봅시다.

Está bom. Até mais.
에스따 봉 아떼 마이스

quando는 영어의 when으로, 뒤에 접속법 미래형을 써서 '~할 때'를 표현할 수 있습니다.

quando você quiser 당신이 원할 때
quando você acabar 당신이 끝날 때

주요표현

A : Como está o tempo hoje?
꼬무 이스따 우 뗑뿌 오지

B : O tempo está bom hoje.
우 뗑뿌 이스따 봉 오지

A : 오늘 날씨가 어때요?

B : 오늘은 날씨가 좋습니다.

오늘은 날씨가 나쁩니다.

O tempo está horrível hoje.
우 뗑뿌 이스따 오히베우 오지

날이 쨍쨍합니다.

O dia está ensolarado.
우 지아 이스따 엔쏠라라두

오늘은 매우 춥습니다.

Hoje está congelando.
오지 이스따 꽁젤란두

매우 덥습니다.

Está muito quente.
에스따 무이뚜 껜치

계속 비가 오고 있습니다.

Está chovendo sem parar.
에스따 쇼벤두 쎙 빠라르

날씨가 조금 쌀쌀하네요, 그렇죠?

O tempo está um pouco frio, né?
우 뗑뿌 에스따 웅 뽀우꾸 프리우 네

날씨 정말 좋다! 하늘이 맑아.

Que dia lindo! O céu está limpo.
끼 지아 린두 우 쎄우 에스따 림뿌

서울은 날씨가 어떤가요?

Como está o tempo em Seul?
꼬무 에스따 우 뗑뿌 엥 쎄우

흐립니다.

Está nublado.
에스따 누블라두

한국의 겨울은 매우 춥고 건조합니다.

O inverno na Coreia do Sul é muito frio e seco.
우 인베르누 나 꼬레이아 두 쑤 에 무이뚜 프리우 이 쎄꾸

estar와 ficar 동사는 '특정한 기간', '상태'를 나타낼 때 사용할 수 있습니다. '계속되는 상태' 또는 '계획하지 않은 갑작스러운 변화'를 의미할 수 있습니다.

Estou nervoso. 나는 (지금) 긴장돼요.

Eu fico nervoso na sua frente. 나는 당신 앞에 서면 긴장해요.

7. 날씨 표현 2

주요표현

A : Vai chover amanhã em São Paulo.
바이 쇼베르 아마냐 엥 쌍 빠울루

B : Não se esqueça de levar o guarda-chuva.
나웅 씨 에스께싸 지 레바르 우 과르다 슈바

A : 상파울루에는 내일 비가 온다고 합니다.

B : 우산 챙기는 것 잊지 말아요.

주말에는 날씨가 어떨까요?

Como vai ficar o tempo no fim de semana?
꼬무 바이 피까르 우 뗑뿌 누 핑 지 쎄마나

비 예보가 있습니다.

A previsão é de chuva.
아 쁘레비자웅 에 지 슈바

오늘 비가 올까요?

Será que vai chover hoje?
쎄라 끼 바이 쇼베르 오지

오후부터는 하늘이 흐릴 것입니다.

A partir da tarde o céu vai estar nublado.
아 빠르치르 다 따르지 우 쎄우 바이 에스따르 누블라두

눈이 올 것 같습니다.

Parece que vai nevar!
빠레씨 끼 바이 네바르

오늘 밤에는 더 추워질 겁니다.

Vai fazer mais frio hoje à noite.
바이 파제르 마이스 프리우 오지 아 노이치

벌써 여름이 왔어요.

Já chegou o verão.
자 셰고우 우 베라웅

일기예보에 따르면 내일은 해가 날 것입니다.

De acordo com a previsão do tempo, amanhã
지 아꼬르두 꽁 아 쁘레비자웅 두 뗑뿌 아마냐

vai ter sol.
바이 떼르 쏘우

우기는 다음 주부터 시작됩니다.

A temporada de chuvas começa desde a semana
아 뗌뽀라다 지 슈바스 꼬메싸 데스지 아 쎄마나

que vem.
끼 벵

건기에는 비가 거의 안 와요.

Na estação seca quase não chove.
나 에스따싸웅 쎄까 꽈지 나웅 쇼비

참을 수 없는 더위야!

É um calor insuportável!
에 웅 깔로르 인쑤뽀르따베우

주요표현

A : A situação é muito preocupante.
아 씨뚜아싸웅 에 무이뚜 쁘레오꾸빤치

B : Pois é.
뽀이스 에

A : 상황이 매우 걱정스럽습니다.

B : 그러게요.

태풍 장미는 50명의 사상자를 냈습니다.

O tufão Jangmi deixou 50 mortos e feridos.
오 뚜파웅 장미 데이쇼우 씽꾸엔따 모르뚜스 이 페리두스

한국에 태풍 링링이 올 겁니다.

O tufão Lingling vai chegar à Coreia do Sul.
우 뚜파웅 링링 바이 셰가르 아 꼬레이아 두 쑤

목요일에 산불이 시작되었습니다.

O incêndio começou na quinta-feira.
우 인쎈지우 꼬메쏘우 나 낀따 페이라

불은 소방대원들에 의해 진압되었습니다.

O fogo foi controlado pelos bombeiros.
우 포구 포이 꼰뜨롤라두 뻴루스 봄베이루스

인명 피해는 없었습니다.

Não houve danos humanos.
나웅 오우비 다누스 우마누스

이 지역은 지진이 자주 발생합니다.

Os terremotos são frequentes nesta região.
우스 떼헤모뚜스 싸웅 프레꾸엔치스 네스따 헤지아웅

해일의 위험은 없습니다.

Não há risco de maremoto.
나웅 아 히스꾸 지 마레모뚜

폭우로 인해 홍수가 났습니다.

A forte chuva causou inundações.
아 포르치 슈바 까우조우 이눈다쏘잉스

서울시는 호우경보를 발령했습니다.

A cidade de Seul emitiu alerta de chuvas.
아 씨다지 지 쎄우 에미치우 알레르따 지 슈바스

정부는 국가재난사태를 선포했습니다.

O governo declarou estado de catástrofe natural.
우 고베르누 데끌라로우 에스따두 지 까따스뜨로피 나뚜라우

터키에서 눈사태가 일어났습니다.

Ocorreu uma avalanche na Turquia.
오꼬헤우 우마 아발란시 나 뚜르끼아

가뭄으로 농작물 피해가 나타나고 있습니다.

A seca está afetando as plantações.
아 쎄까 이스따 아페딴두 아스 쁠란따쏘잉스

관련단어

날씨

sol	쏘우	해
lua	루아	달
estrela	에스뜨렐라	별
nuvem	누벵	구름
chuva	슈바	비
relâmpago	헬람빠구	번개
vento	벤뚜	바람
neve	네비	눈
previsão do tempo	쁘레비자웅 두 뗑뿌	일기예보
tempo	뗑뿌	날씨
temperatura	뗌뻬라뚜라	기온, 온도
orvalho	오르발류	이슬
aguaceiro	아과쎄이루	소나기, 폭우
inundação	이눈다싸웅	홍수
tufão	뚜파웅	태풍
granizo	그라니주	우박
claro	끌라루	맑은
obscuro	옵스꾸루	흐린
fresco	프레스꾸	시원한
quente	껜치	뜨거운
frio	프리우	추위, 추운
calor	깔로르	더위
primavera	쁘리마베라	봄
verão	베라웅	여름
outono	오우또누	가을
inverno	인베르누	겨울

estação das chuvas	에스따싸웅 다스 슈바스	우기
estação seca	에스따싸웅 쎄까	건기
neblina	네블리나	안개
chuvisco	슈비스꾸	이슬비
trovão	뜨로바웅	천둥
gelo	젤루	얼음
umidade	우미다지	습기
terremoto	떼헤모뚜	지진
furacão	푸라까웅	허리케인

숫자

• 기수

zero	제루	0
um	웅	1
dois	도이스	2
três	뜨레스 / 뜨레이스	3
quatro	꽈뜨루	4
cinco	씽꾸	5
seis	쎄이스	6
sete	쎄치	7
oito	오이뚜	8
nove	노비	9
dez	데쓰 / 데이쓰	10
vinte	빙치	20
trinta	뜨링따	30
quarenta	꽈렝따	40
cinquenta	씬꾸엥따	50

관련단어

sessenta	쎄쎙따	60
setenta	쎄뗑따	70
oitenta	오이뗑따	80
noventa	노벵따	90
cem	쎙	100
mil	미우	1000
dez mil	데이쓰 미우	10000
cem mil	쎙 미우	10만
um milhão	웅 밀랴웅	100만

• 서수

primeiro	쁘리메이루	첫 번째의
segundo	쎄군두	두 번째의
terceiro	떼르쎄이루	세 번째의
quarto	꽈르뚜	네 번째의
quinto	낀뚜	다섯 번째의
sexto	쎄스뚜	여섯 번째의
sétimo	쎄치무	일곱 번째의
oitavo	오이따부	여덟 번째의
nono	노누	아홉 번째의
décimo	데씨무	열 번째의

월

janeiro	자네이루	1월
fevereiro	페베레이루	2월
março	마르쑤	3월
abril	아브리우	4월

maio	마이우	5월
junho	주뉴	6월
julho	줄류	7월
agosto	아고스뚜	8월
setembro	쎄뗌브루	9월
outubro	오우뚜브루	10월
novembro	노벰브루	11월
dezembro	데젬브루	12월

요일

segunda-feira	쎄군다 페이라	월요일
terça-feira	떼르싸 페이라	화요일
quarta-feira	꽈르따 페이라	수요일
quinta-feira	낀따 페이라	목요일
sexta-feira	쎄스따 페이라	금요일
sábado	싸바두	토요일
domingo	도밍구	일요일

날짜

anteontem	안치온뗑	그제
ontem	온뗑	어제
hoje	오지	오늘
amanhã	아마냐	내일
depois de amanhã	데뽀이쓰 지 아마냐	모레
semana passada	쎄마나 빠싸다	지난주
esta semana	에스따 쎄마나	이번 주

관련단어

próxima semana / semana que vem 다음 주
쁘로씨마 쎄마나 / 쎄마나 끼 벵

mês passado 메스 빠싸두 지난달

este mês 에스치 메스 이번 달

próximo mês / mês que vem 다음 달
쁘로씨무 메스 / 메스 끼 벵

ano passado 아누 빠싸두 작년

este ano 에스치 아누 올해

próximo ano / ano que vem 내년
쁘로씨무 아누 / 아누 끼 벵

3장 의견 · 감정 · 관심

1. 긍정의 표현
2. 맞장구 치기
3. 부정의 표현
4. 기쁠 때
5. 기분이 좋지 않을 때
6. 화나거나 놀랐을 때
7. 실망, 불만일 때
8. 위로할 때
9. 칭찬할 때
10. 사과할 때
11. 감사할 때
12. 허락, 허가의 표현
13. 거절할 때
14. 부탁할 때
15. 외모에 대한 표현
16. 성격에 대한 표현
17. 호감을 나타낼 때

Portuguese

1. 긍정의 표현

주요표현

A : Vamos comer espaguete?
바무스 꼬메르 에스빠게치

B : Isso é uma boa idéia.
이쑤 에 우마 보아 이데이아

A : 스파게티 먹을까요?
B : 그거 좋은 생각입니다.

어떻게 생각하세요?

O que você acha?
우 끼 보쎄 아샤

좋은 생각인 것 같습니다.

Parece uma boa idéia.
빠레씨 우마 보아 이데이아

모두들 동의하시나요?

Estão todos de acordo?
이스따웅 또두스 지 아꼬르두

당신과 같은 생각입니다.

Eu concordo com você.
에우 꼰꼬르두 꽁 보쎄

나는 그 점에서 주앙과 생각이 같아요.

Eu concordo com João nesse ponto.
에우 꼰꼬르두 꽁 주아웅 네씨 뽄뚜

당신 말이 맞아요.

Você está certo.

보쎄 이스따 쎄르뚜

저는 찬성입니다.

Estou a favor.

이스또우 아 파보르

네, 물론입니다.

Sim, claro.

씽 끌라루

물론이죠.

Com certeza.

꽁 쎄르떼자

당신의 관점을 존중합니다.

Eu respeito o seu ponto de vista.

에우 헤스뻬이뚜 우 쎄우 뽄뚜 지 비스따

당신의 처지를 이해합니다.

Eu entendo a sua situação.

에우 엔뗀두 아 쑤아 씨뚜아싸웅

당신 심정 이해해요.

Eu sei como você se sente.

에우 쎄이 꼬무 보쎄 씨 쎈치

---

2. 맞장구 치기

주요표현

A : Joana vai se casar com Billy.
조아나 바이 씨 까자르 꽁 빌리

B : É mesmo?
에 메스무

A : 주아나가 빌리와 결혼한대요.

B : 정말입니까?

말도 안 돼.

Não pode ser.

나웅 뽀지 쎄르

확실합니까?

Você tem certeza?

보쎄 뗑 쎄르떼자

확실하지 않습니다.

Não tenho certeza.

나웅 떼뉴 쎄르떼자

물론이지.

Absolutamente.

압쏠루따멘치

그럴 줄 알았어!

Eu sabia!

에우 싸비아

너 집중하고 있니?

Você está prestando atenção?
보쎄 이스따 프레스딴두 아뗀싸웅

바로 그거예요!

Isso mesmo!
이쑤 메즈무

그건 사실입니다.

Isso é verdade.
이쑤 에 베르다지

그건 거짓말이야!

Isso é mentira!
이쑤 에 밍치라

맞습니다.

Exatamente.
에자따멘치

그렇고 말고요.

Pode apostar.
뽀지 아뽀스따르

당신 말이 맞네요.

Você tem razão.
보쎄 뗑 하자웅

주요표현

A : Este número está certo?
에스치 누메로 이스따 쎄르뚜

B : Não, está errado.
나웅 이스따 에하두

A : 이 번호 맞습니까?

B : 아니요, 틀립니다.

나는 당신과 의견이 다릅니다.

Eu não concordo com você.
에우 나웅 꽁꼬르두 꽁 보쎄

당신은 틀렸습니다.

Você está errada.
보쎄 이스따 에하다

그건 좋은 생각이 아닙니다.

Isso não é uma boa idéia.
이쑤 나웅 에 우마 보아 이데이아

그건 전혀 다릅니다.

Isso é totalmente diferente.
이쑤 에 또따우멘치 지페렌치

그건 사실이 아닙니다.

Isso não é verdade.
이쑤 나웅 에 베르다지

그게 다입니다.

Isso é tudo.
이쑤 에 뚜두

그건 불가능합니다

Isso é impossível.
이쑤 에 임뽀씨베우

그건 안 되겠어요.

Issó não vai dar.
이쑤 나웅 바이 다르

이제 관심 없어요.

Já não me interessa.
자 나웅 미 인떼레자

뭐라고 말해야 할지 모르겠네요.

Não sei o que dizer.
나웅 쎄이 우 끼 지제르

오늘 일하고 싶지 않아요.

Não quero trabalhar hoje.
나웅 께루 뜨라발랴르 오지

나도 그래요.(부정)

Eu também não.
에우 땅벵 나웅

---

4. 기쁠 때

주요표현

A : Passei na prova de inglês!
빠쎄이 나 쁘로바 지 잉글레이스

B : Parabéns!
빠라벵스

A : 저 영어 시험에 붙었어요!

B : 축하해!

저는 오늘 매우 기쁩니다.

Eu estou muito feliz hoje.
에우 이스또우 무이뚜 펠리스 오지

소라야, 너 왜 웃고 있어?

Sora, por que você está sorrindo?
쏘라 뽀르 께 보쎄 이스따 쏘힌두

대단해요!

Impressionante!
임쁘레씨오난치

감동했습니다.

Fiquei emocionada.
피께이 에모씨오나다

정말 좋은 소식이네요!

Que boa notícia!
끼 보아 노치씨아

정말 기뻐요.

Estou contente.
이스또우 꼰뗀치

이렇게 기쁠 수가 없어요.

Não poderia estar mais contente.
나웅 뽀데리아 이스따르 마이스 꼰뗀치

조니는 오늘 매우 신이 났어요.

Jonhy está muito animado hoje.
조니 이스따 무이뚜 아니마두 오지

제가 운이 좋았어요.

Eu tive sorte.
에우 치비 쏘르치

드디어!

Finalmente!
피나우멘치

다행이네요!

Que alívio!
끼 알리비우

다 잘되길 바랍니다.

Desejo tudo de bom.
데쎄주 뚜두 지 봉

5. 기분이 좋지 않을 때

주요표현

A : Meu avô faleceu ontem à noite.
메우 아보 팔레쎄우 온뗑 아 노이치

B : Eu sinto muito.
이우 씬뚜 무이뚜

A : 어젯밤에 할아버지가 돌아가셨어요.

B : 유감입니다.

너무 슬퍼요.

Estou muito triste.
이스또우 무이뚜 뜨리스치

마음이 아픕니다.

É muito doloroso.
에 무이뚜 돌로로쑤

상황이 안 좋습니다.

A situação está má.
아 씨뚜아싸웅 이스따 마

내 걱정은 하지 마요.

Não se preocupe comigo.
나웅 씨 쁘리오꾸삐 꼬미구

아무도 나를 이해 못해.

Ninguém me entende.
닌겡 미 엔뗀지

그것에 대해 더 이상 생각하지 마.

Não pense mais nisso.

나웅 뻰씨 마이스 니쑤

내 기분 풀어주려고 하지 마.

Não tente me animar.

나웅 뗀치 미 아니마르

울고 싶어.

Quero chorar.

께루 쇼라르

눈물이 안 멈춰.

Não consigo parar de chorar.

나웅 꼰씨구 빠라르 지 쇼라르

무엇을 해야 할지 모르겠어요.

Não sei o que fazer.

나웅 쎄이 우 끼 파제르

밤을 꼴딱 샜어요.

Passei a noite em claro.

빠쎄이 아 노이치 엥 끌라루

너는 왜 화가 났니?

Por que você está chateado?

뽀르 끼 보쎄 이스따 샤치아두

---

6. 화나거나 놀랐을 때

주요표현

A : Fui demitido.
푸이 데미치두

B : Fala sério!
팔라 쎄리우

A : 나 직장에서 해고됐어.

B : 말도 안돼!

이제 어쩌죠?

E agora?
이 아고라

정말 믿을 수가 없네요.

Não posso acreditar.
나웅 뽀쑤 아끄레지따르

화가 나요.

Estou com raiva.
이스또우 꽁 하이바

불안해!

Estou ansiosa!
이스또우 안씨오자

아, 짜증나!

Ah, que chato!
아 끼 샤뚜

깜짝 놀랐어요.

Fiquei supreendida.

피께이 쑤르쁘레엔지다

그런 말 하지 마!

Não diga isso!

나웅 지가 이쑤

그건 금시초문인데요.

Nunca ouvi falar disso.

눈까 오우비 팔라르 지쑤

하나도 안 웃겨.

Não é engraçado.

나웅 에 잉그라싸두

나 좀 혼자 내버려 둬.

Me deixa em paz.

미 데이시 잉 빠쓰

실망했어요.

Estou decepcionada.

이스또우 데쎕씨오나다

더 이상 참을 수 없어.

Não aguento mais.

나웅 아구엔뚜 마이스

---

7. 실망, 불만일 때

주요표현

A : Ai, meu deus!
아이 메우 데우스

B : O que acontece?
우 끼 아꼰떼씨

A : 아, 맙소사!

B : 무슨 일이야?

웬일이야!

Nossa!

노싸

별로다.

Não gostei.

나웅 고스떼이

어떡하지?

O que fazer?

우 끼 파제르

웬일이야!

Que coisa!

끼 꼬이자

믿을 수 없어.

Não acredito.

나웅 아끄레지뚜

이제 지겨워.

Eu já me cansei.

에우 자 미 깐쎄이

난 진이 다 빠졌어!

Estou exausta!

에스또우 익자우스따

이제 인내심을 잃었어.

Já não tenho paciência.

자 나웅 떼뉴 빠씨엔씨아

넌 늘 아무것도 하지 않아.

Você nunca faz nada.

보쎄 눈까 파쓰 나다

나를 방해하지 마세요.

Não me perturbe.

나웅 미 뻬르뚜르비

진정하세요.

Fique calmo.

피끼 까우무

우리는 배고픕니다!

Estamos com fome!

이스따무스 꽁 포미

주요표현

A : Estou cansada e deprimida.
이스또우 깐싸다 이 데쁘리미다

B: Força!
포르싸

A : 나는 피곤하고 우울해.

B : 힘내!

스트레스받아요.

Estou estressado.
이스또우 에스뜨레싸두

나는 항상 외롭고 우울해.

Eu sempre me sinto sozinha e deprimida.
에우 셈쁘리 미 씬뚜 쏘지냐 이 데쁘리미다

나는 어제 남편이랑 싸웠어요.

Eu briguei com meu marido ontem.
에우 브리게이 꽁 메우 마리두 온뗑

헤베카는 유방암이에요.

A Rebeca tem câncer de mama.
아 헤베까 뗑 깐쎄르 지 마마

실망하지 마세요.

Não fique desapontado.
나웅 피끼 데자뽄따두

화내지 말아요.

Não fique chateado.

나웅 피끼 샤치아두

불안해하지 말아요.

Não fique desesperado.

나웅 피끼 데제스뻬라두

슬퍼하지 말아요.

Não fique triste.

나웅 피끼 뜨리스치

긍정적으로 생각하세요!

Tenha pensamentos positivos!

떼냐 뻰싸멘뚜스 뽀지치부스

힘내! 다 잘될 거야.

Ânimo! Tudo vai dar certo.

아니무 뚜두 바이 다르 쎄르뚜

한국인이 잘 걸리는 암은 포르투갈어로 다음과 같습니다:

câncer colorretal(대장암), câncer de estômago(위암), câncer de pulmão(폐암), câncer de fígado(간암), câncer de mama(유방암), câncer do colo do útero(자궁경부암).

주요표현

A : Fui eu que cozinhei isso.
푸이 에우 끼 꼬지녜이 이쑤

B : Legal! Parece bom.
레가우 빠레씨 봉

A : 그거 내가 요리한 거예요!

B : 멋지네요! 맛있어 보여요.

대단하네요!

Ótimo!

오치무

훌륭하네요!

Maravilhoso!

마라빌료주

네가 최고야.

Você é o melhor.

보쎄 에 우 멜료르

당신은 정말 친절하네요.

Você é muito gentil.

보쎄 에 무이뚜 젠치우

잘했어요!

Você fez um bom trabalho.

보쎄 페쓰 웅 봉 뜨라발류

나는 당신이 자랑스럽습니다.

Estou orgulhosa de você.

에스또우 오르굴료자 지 보쎄

좋은 냄새가 나네요.

Que cheiro bom.

끼 셰이루 봉

너는 옷을 정말 잘 입는다.

Você se veste muito bem.

보쎄 씨 베스치 무이뚜 벵

오늘 너무 아름답다.

Você está muito bonita hoje.

보쎄 이스따 무이뚜 보니따 오지

넌 정말 재미있어!

Você é muito engraçado!

보쎄 에 무이뚜 잉그라싸두

넌 정말 특별해.

Você é muito especial.

보쎄 에 무이뚜 에스뻬씨아우

난 널 믿어.

Eu acredito em você.

에우 아끄레지뚜 엥 보쎄

주요표현

A : Daniel, o que foi?
다니에우 우 끼 포이

B : Desculpe, acordei tarde.
지스꾸삐 아꼬르데이 따르지

A : 다니엘, 어떻게 된 거야?

B : 죄송합니다, 늦잠을 잤습니다.

늦어서 미안합니다.

Desculpe o atraso.
지스꾸삐 우 아뜨라주

늦어서 미안해.

Desculpa a demora.
지스꾸빠 아 데모라

알람을 듣지 못했습니다.

Não ouvi o despertador.
나웅 오우비 우 지스뻬르따도르

용서를 구합니다.

Peço desculpas.
뻬쑤 지스꾸빠스

제 잘못입니다.

A culpa é minha.
아 꾸빠 에 미냐

제 잘못이 아닙니다.

Não é a minha culpa.

나웅 에 아 미냐 꾸빠

제 실수입니다.

É erro meu.

에 에후 메우

같은 실수를 반복하지 않겠습니다.

Não vou repetir os mesmos erros.

나웅 보우 헤뻬치르 우스 메스무스 에후스

괜찮아요.

Sem problemas.

쎙 쁘로블레마스

걱정 마세요.

Não se preocupe.

나웅 씨 쁘레오꾸삐

desculpa는 deculpar(용서하다) 동사의 직설법 3인칭 단수 현재형을 받아 2인칭(tu)에 대한 명령형을 만든 것입니다. 3인칭(você)에 대한 명령형은 접속법 3인칭을 받아옵니다.

Liga mais tarde. 나중에 전화해. (2인칭 명령법)

Ligue mais tarde. 나중에 전화해요. (3인칭 명령법)

11. 감사할 때

주요표현

A : Obrigada.
오브리가다

B : De nada!
지 나다

A : 감사합니다.

B : 천만에요!

정말 고마워.

Muito obrigado.
무이뚜 오브리가두

대단히 감사합니다.

Agradeço muito.
아그라데쑤 무이뚜

여러분께 감사를 드립니다.

Agradeço a todos.
아그라데쑤 아 또두스

고마워요, 사라 씨.

Obrigado Sara.
오브리가두 싸라

내 친구가 되어줘서 고마워.

Obrigado por ser meu amigo.
오브리가두 뽀르 쎄르 메우 아미구

전부 감사합니다.

Obrigado por tudo.
오브리가두　뽀르 뚜두

경청해 주셔서 감사합니다.

Agradeço a atenção.
아그라데쑤　아 아뗀싸웅

천만에요.

Não há de quê!
나웅 아 지 께

별말씀을요!

Imagina!
이마지나

제가 고맙습니다.

Obrigado eu.
오브리가두　에우

nada는 대명사로 부정문에서 사용하며 '아무것[아무일]도 (~없다/~않다)'라는 의미입니다.

Não tenho nada. 나는 아무것도 없다.

João não sabe nada. 주앙은 아무것도 모른다.

주요표현

A : Posso estacionar nesta vaga?
뽀쑤 에스따씨오나르 네스따 바가

B : É vaga para deficientes.
에 바가 빠라 데피씨엔띠스

A : 이 빈자리에 주차해도 됩니까?

B : 장애인 주차공간입니다.

여기서 담배 피워도 되나요?

Posso fumar aqui?
뽀쑤 푸마르 아끼

여기 흡연구역이 있나요?

Aqui tem área para fumantes?
아끼 뗑 아레아 빠라 푸만치스

공항에서 담배 피울 수 있나요?

É permitido fumar no aeroporto?
에 뻬르미치두 푸마르 누 아에로뽀르뚜

전자담배 피우세요?

Você fuma cigarro eletrônico?
보쎄 푸마 씨가후 엘레뜨로니꾸

담배 한 대 있으세요?

Você tem um cigarro?
보쎄 뗑 웅 씨가후

여기는 금연구역입니다.

É proibido fumar aqui.

에 쁘로이비두 푸마르 아끼

카페에 음식물을 반입할 수 없습니다.

É proibido entrar com alimentos no café.

에 쁘로이비두 엔뜨라르 꽁 알리멘뚜스 누 카페

이 구역에서는 음식물을 섭취할 수 없습니다.

É proibido comer e beber nesta área.

에 쁘로이비두 꼬메르 이 베베르 네스따 아레아

사진 촬영 금지.

Proibido fotografar.

쁘로이비두 포또그라파르

주차 금지.

Proibido estacionar.

쁘로이비두 에스따씨오나르

nesta는 전치사 em과 대명사 esta의 결합형입니다.

em+este = neste

em+esse = nesse

em+essa = nessa

주요표현

A : Posso tirar uma foto com você?
뽀쑤 치라르 우마 포뚜 꽁 보쎄

B : Desculpe, mas eu não gosto de tirar fotos.
지스꾸삐 마스 에우 나웅 고스뚜 지 치라르 포뚜스

A : 같이 사진 찍어도 될까요?

B : 죄송하지만 저는 사진 찍는 것을 좋아하지 않습니다.

미안하지만 오늘은 내가 너무 바빠요.

Desculpe mas eu estou muito ocupada hoje.
지스꾸삐 마스 에우 이스또우 무이뚜 오꾸빠다 오지

죄송하지만 오늘은 약속이 있습니다.

Desculpe mas hoje eu tenho um compromisso.
지스꾸삐 마스 오지 에우 떼뉴 웅 꼼쁘로미쑤

유감스럽지만 갈 수 없습니다.

Infelizmente não posso ir.
인펠리스멘치 나웅 뽀쑤 이르

나도 참석하고 싶은데 다른 계획이 있어요.

Gostaria de comparecer mas tenho outros planos.
고스따리아 지 꼼빠레쎄르 마스 떼뉴 오우뜨루스 쁠라누스

엄마 미안. 다음 번에는 갈게.

Desculpa, mãe. Na próxima vez eu vou.
지스꾸빠 마잉 나 쁘로씨마 베쓰 에우 보우

지금은 안 돼요.

Agora não dá.

아고라 나웅 다

시간이 안 될 것 같습니다.

Acho que não vai dar tempo.

아슈 끼 나웅 바이 다르 뗑뿌

생각할 시간이 필요해요.

Preciso de um tempo para pensar.

쁘레씨주 지 웅 뗑뿌 빠라 뻰싸르

제 일정을 확인해 봐야 합니다.

Preciso checar a minha agenda.

쁘레씨주 셰까르 아 미냐 아젠다

내일 답을 줄게.

Vou te responder amanhã.

보우 치 헤스뽄데르 아마냐

주요표현

A : Você pode me fazer um favor?
보쎄 뽀지 미 파제르 웅 파보르

B : Claro, o que é?
끌라루 우 끼 에

A : 부탁 하나만 들어줄래요?

B : 그럼요, 뭔데요?

부탁 하나 해도 될까?

Posso te pedir um favor?
뽀쑤 치 뻬지르 웅 파보르

내 컴퓨터 좀 꺼줄 수 있어요?

Você pode desligar o meu computador, por favor?
보쎄 뽀지 데스리가르 우 메우 꼼뿌따도르 뽀르 파보르

한국어를 배우고 싶어요. 도와줄 수 있어요?

Gostaria de aprender coreano. Você pode me ajudar?
고스따리아 지 아쁘렌데르 꼬레아누 보쎄 뽀지 미 아주다르

그럼요, 하루에 15분씩 대화 나눌 수 있어요.

Claro, podemos conversar 15 minutos por dia.
끌라루 뽀데무스 꼰베르싸르 낀지 미누뚜스 뽀르 지아

미안하지만 시간이 없을 것 같아.

Desculpe mas acho que não vou ter tempo.
지스꾸삐 마스 아슈 끼 나웅 보우 떼르 뗑뿌

저 좀 도와주실 수 있을까요?

Você poderia me ajudar?

보세 뽀데리아 미 아주다르

미안하지만 안 됩니다.

Me desculpe mas não posso.

미 지스꾸삐 마스 나웅 뽀쑤

영어를 유창하게 하고 싶어요.

Gostaria de falar inglês fluentemente.

고스따리아 지 팔라르 잉글레스 플루엔치멘치

조언 좀 해줄 수 있어요?

Você poderia me dar algumas dicas?

보세 뽀데리아 미 다르 아우구마스 지까스

물론이지요.

Com certeza.

꽁 쎄르떼자

너의 도움이 필요해.

Preciso da sua ajuda.

쁘레씨주 다 쑤아 아주다

휴대폰 빌려주실 수 있습니까?

Poderia me emprestar o seu celular?

뽀데리아 미 임쁘레스따 우 쎄우 셀루라르

15. 외모에 대한 표현

주요표현

A : Quem é ela? É muito bonita.
껭 에 엘라 에 무이뚜 보니따

B : É colega minha.
에 꼴레가 미냐

A : 그녀는 누구인가요? 정말 예쁘네요.
B : 제 동료입니다.

그는 매우 날씬합니다.

Ele é muito magro.
엘리 에 무이뚜 마그루

그는 뚱뚱합니다. 그는 100킬로그램이 넘습니다.

Ele é gordo. Ele pesa mais de 100 quilogramas.
엘리 에 고르두 엘리 뻬자 마이스 지 쎙 낄로그라마스

당신의 남자 친구는 키가 큰가요?

Seu namorado é alto?
쎄우 나모라두 에 아우뚜

나는 키가 작습니다.

Eu sou baixinho.
에우 쏘우 바이시뉴

당신 친구는 귀여워요.

Seu amigo é bonitinho.
쎄우 아미구 에 보니치뉴

그녀는 재미있고 유머 감각이 있어요.

Ela é simpática e tem um bom senso de humor.
엘라 에 씸빠치까 이 뗑 웅 봉 쎈쑤 지 우모르

내 친구 도니는 정말 웃깁니다.

Meu amigo Doni é muito engraçado.
메우 아미구 도니 에 무이뚜 엥그라싸두

저는 180센티미터입니다.

Eu meço 180 centímetros.
에우 메쑤 쎈뚜 오이뗀따 쎈치메뜨루스

나는 거의 5킬로그램이 쪘어.

Eu ganhei quase cinco quilos.
에우 가녜이 꽈지 씽꾸 낄로스

그는 3킬로그램이 빠졌다.

Ele perdeu três quilos.
엘리 뻬르데우 뜨레이스 낄로스

원래의 뜻보다 작은 개념이나 친애의 뜻을 나타낼 때 사용되는 축소형(diminutivo)은 명사 또는 형용사에 '-inho/-inha' '-zinho/-zinha'를 붙이는 형태로 만들어집니다.

gatinho 작은 고양이(gato+inho)
cafezinho 작은 커피(café+zinho)

16. 성격에 대한 표현

주요표현

A : Como ele é?
꼬무 엘리 에

B : Ele é muito amável.
엘리 에 무이뚜 아마베우

A : 그는 어떤 사람인가요?

B : 굉장히 친절한 사람입니다.

그의 성격은 어떻습니까?

Qual é a personalidade dele?
꽈우 에 아 뻬르쏘날리다지 델리

그는 자상한 사람이에요.

Ele é uma pessoa gentil.
엘리 에 우마 뻬쏘아 젠치우

그녀는 성격이 급해요.

Ela é impaciente.
엘라 에 임빠씨엔치

저는 완벽주의자입니다.

Eu sou perfeccionista.
에우 쏘우 뻬르페씨오니스따

그는 차가운 사람이야.

Ele é uma pessoa fria.
엘리 에 우마 뻬쏘아 프리아

저는 사교적이에요.

Eu sou uma pessoa sociável.

에우 쏘우 우마 뻬쏘아 쏘씨아베우

그녀는 유머감각이 좋아.

Ela tem senso de humor.

엘라 뗑 쎈쑤 지 우모르

그는 불평을 너무 많이 해요.

Ele reclama demais.

엘리 헤끌라마 지마이스

제 남편은 말이 너무 많아요.

Meu marido fala demais.

메우 마리두 팔라 지마이스

당신들은 서로 잘 맞을 것 같아요.

Acho que vocês vão se dar bem.

아슈 끼 보쎄스 바웅 씨 다르 벵

파비우는 정말 훌륭한 사람입니다.

Favio é uma pessoa maravilhosa.

파비우 에 우마 뻬쏘아 마라빌료자

릴리아나는 정말 좋은 사람이야.

Liliana é uma pessoa muito simpática.

릴리아나 에 우마 뻬쏘아 무이뚜 씸빠치까

17. 호감을 나타낼 때

주요표현

A : Neto, você está livre hoje?
네뚜 보쎄 에스따 리브리 오지

B : Sim, por que?
씽 뽀르 께

A : 네뚜, 오늘 시간 있어요?

B : 네, 왜요?

나랑 영화 보러 갈래요?

Quer ir ao cinema comigo?
께르 이르 아우 씨네마 꼬미구

같이 사진전 보러 갈래요?

Quer ir a uma exposição de fotos comigo?
께르 이르 아 우마 에스뽀지싸웅 지 포뚜스 꼬미구

안 돼요. 오늘은 약속이 있어요.

Não posso. Hoje tenho um compromisso.
나웅 뽀쑤 오지 떼뉴 웅 꼼쁘로미쑤

오늘 저녁에 뭐 해?

O que você faz hoje à noite?
우 끼 보쎄 파이쓰 오지 아 노이치

마트에 갈래?

Quer ir ao supermercado?
께르 이르 아우 쑤뻬르메르까두

우리랑 같이 나가서 놀래?

Você quer sair com a gente?
보쎄 께르 싸이르 꽁 아 젠치

우리와 함께 놀러가자.

Venha passear conosco.
베냐 빠씨아르 꼬노스꾸

너희들 어디 가는데?

Aonde vocês vão?
아온지 보쎄이스 바웅

(우리는) 영화관에 갈 것 같아.

Acho que vamos ao cinema.
아슈 끼 바무스 아우 씨네마

(우리는) 볼링 치러 갈 거야.

Vamos jogar boliche.
바무스 조가르 볼리시

관련단어

감정 표현

sentimento	쎈치멘뚜	감정, 느낌
amor	아모르	사랑
medo	메두	두려움
esperança	에스뻬란싸	희망
solidão	쏠리다웅	외로움
ódio	오지우	증오
desespero	데제스뻬루	절망
coragem	꼬라젱	용기
gostar	고스따르	좋아하다
amar	아마르	사랑하다
detestar	데떼스따르	싫어하다
chorar	쇼라르	울다
rir	히르	웃다
feliz	펠리쓰	행복한
surpreendente	쑤르쁘렌덴치	놀라운
bravo / brava	브라부 / 브라바	화난
divertido	지베르치두	즐거운
triste	뜨리스치	슬픈
orgulhoso / orgulhosa	오르굴료주 / 오르굴료자	자랑스러운
contente	꼰뗀치	기쁜
nervoso / nervosa	네르보주 / 네르보자	긴장한
preocupado / preocupada	쁘레오꾸빠두 / 쁘레오꾸빠다	걱정스러운
deprimido / deprimida	데쁘리미두 / 데쁘리미다	우울한
miserável	미제라베우	비참한
terrível	떼히베우	끔찍한

doloroso	돌로로수	침통한
sério	쎄리우	심각한
ansioso	안씨오주	불안한
excelente	에쎌렌치	훌륭한
infeliz	인펠리즈	불행한
assustador	아쑤스따도르	무서운
horroroso	오호로주	끔찍한
satisfatório	싸치스파또리우	만족스러운
fantástico	판따스치꾸	환상적인
solitário	쏠리따리우	고독한
desagradável	데자그라다베우	불쾌한
ruim	후잉	나쁜
louco	로우꾸	미친
exigente	에씨젠치	신경질적인
tolo	똘루	어리석은
nojento	노젠뚜	역겨운

외모

lindo / linda	린두 / 린다	아름다운
bonito / bonita	보니뚜 / 보니따	잘생긴, 예쁜
alto / alta	아우뚜 / 아우따	키가 큰
baixo / baixa	바이슈 / 바이샤	키가 작은
fofo / fofa	포푸 / 포파	귀여운
atraente	아뜨라엔치	매력적인
simpático / simpática	씸빠치꾸 / 씸빠치까	호감 가는
feio / feia	페이우 / 페이아	못생긴
gordo / gorda	고르두 / 고르다	뚱뚱한

관련단어

magro / magra	마그루 / 마그라	마른, 날씬한
branco / branca	브랑꾸 / 브랑까	백인의
negro / negra	네그루 / 네그라	흑인의
loiro / loira	로이루 / 로이라	금발의
moreno / morena	모레누 / 모레나	갈색의
ruivo / ruiva	후이부 / 후이바	빨강 머리의
careca	까레까	대머리의
pálido/pálida	빨리두/빨리다	창백한

일상생활

4장

1. 학교 생활
2. 회사 생활
3. 주거
4. 휴가 계획
5. 취미 생활
6. 스포츠
7. 병원에서
8. 약국에서
9. 우체국에서
10. 미용실에서
11. 도서관에서
12. 은행에서
13. 극장에서

Portuguese

1. 학교 생활

주요표현

A : Como você vai até a escola?
꼬무 보세 바이 아떼 아 이스꼴라

B : Eu geralmente vou de metrô.
에우 제라우멘치 보우 지 메뜨로

A : 학교에 어떻게 가세요?

B : 주로 지하철을 타고 갑니다.

자전거로 갑니다.

Vou de bicicleta.
보우 지 비씨끌레따

나는 차를 타고 갑니다.

Eu vou de carro.
에우 보우 지 까후

버스로 갑니다.

Eu vou de ônibus.
에우 보우 지 오니부스

나는 안국역까지 걸어갑니다.

Vou a pé até a estação Anguk.
보우 아 뻬 아떼 아 에스따싸웅 안국

당신은 학교에 도착하는 데 얼마나 걸리나요?

Quánto tempo você leva até a escola?
꽌뚜 뗌뿌 보세 레바 아떼 아 이스꼴라

두 시간이 걸립니다.

Levo duas horas.

레부 두아스 오라스

나는 내 아들을 매일 아침 학교에 데려다 줍니다.

Eu levo o meu filho para a escola todas as manhãs.

에우 레부 우 메우 필류 빠라 아 에스꼴라 또다스 아스 마냐스

학교가 집에서 먼가요?

A escola fica longe da sua casa?

아 에스꼴라 피까 론지 다 쑤아 까자

아니요, 가깝습니다.

Não, fica perto.

나웅 피까 뻬르뚜

가는 데 5분밖에 안 걸려요.

Leva só cinco minutos.

레바 쏘 씽꾸 미누뚜스

a pé는 '걸어서'라는 뜻이고, de pé는 '서 있다'를 뜻합니다.

Fui a pé até o parque. 나는 공원까지 걸어서 갔다.

Manuel ficou de pé. 마누엘은 서 있었다.

주요표현

A : Você está com muito trabalho?
보세 에스따 꽁 무이뚜 뜨라발류

B : Sim, estou muito cansado.
씽 에스또우 무이뚜 깐싸두

A : 일이 많으세요?

B : 네, 너무 피곤해요.

많이 바쁘신가요?

Você está muito ocupado?
보세 에스따 무이뚜 오꾸빠두

네, 행사 준비 때문에 바쁩니다.

Sim, estou ocupada pela organização de um evento.
씽 에스또우 오꾸빠다 뻴라 오르가니자싸웅 지 웅 에벤뚜

오늘은 밤늦게까지 일해야 합니다.

Hoje preciso trabalhar até à noite.
오지 쁘레씨주 뜨라발랴르 아떼 아 노이치

프로젝트 때문에 매일 바쁩니다.

Estou ocupada todos os dias por causa de um projeto.
이스또우 오꾸빠다 또두스 우스 지아스 뽀르 까우자 지 웅 쁘로제뚜

저는 하루에 9시간 이상 일합니다.

Trabalho mais de 9 horas por dia.
뜨라발류 마이스 지 노비 오라스 뽀르 지아

그녀는 매일 늦게 퇴근합니다.

Ela sempre sai tarde do trabalho.
엘라 셈쁘리 싸이 따르지 두 뜨라발류

그수진이는 일요일과 휴일에도 일합니다.

Sujin trabalha nos domingos e feriados.
수진 뜨라발랴 누스 도밍구스 이 페리아두스

그녀는 일 중독자입니다.

Ela é viciada em trabalho.
엘라 에 비씨아다 엥 뜨라발류

업무를 집에서도 하세요?

Você leva trabalho para casa?
보쎄 레바 뜨라발류 빠라 까자

일하면서 밤을 샜습니다.

Passei a noite em claro trabalhando.
빠쎄이 아 노이치 엥 끌라루 뜨라발랸두

'밤을 새다'는 passar a noite em claro, passar a noite em branco, passar a noite sem dormir 등으로 표현할 수 있습니다.

주요표현

A : Em que bairro você mora?
엥 끼 바이후 보쎄 모라

B : Eu moro em Gangnam.
에우 모루 엥 강남

A : 어느 동네 살아요?

B : 강남에 살아요.

주안은 매우 오래된 동네입니다.

Juan é um bairro muito antigo.
주안 에 웅 바이후 무이뚜 안치구

우리 집 근처에는 카페가 많지 않습니다.

Não tem muitos cafés perto da minha casa.
나웅 뗑 무이뚜스 까페스 뻬르뚜 다 미냐 까자

당신의 동네는 좋은가요?

Você gosta de seu bairro?
보쎄 고스따 지 쎄우 바이후

그저 그래요.

Mais ou menos.
마이스 오우 메누스

저는 시내에 살고 싶어요.

Eu gostaria de morar no centro.
에우 고스따리아 지 모라르 누 쎈뜨루

나는 송도 스마트시티에 살고 싶어요.

Eu gostaria de morar na cidade inteligente Songdo.
에우 고스따리아 지 모라르 나 씨다지 인뗄리젠치 쏭도

당신의 동네는 안전한가요?

Seu bairro é seguro?
쎄우 바이후 에 쎄구루

이타임 비비가 봉헤치루보다 더 안전합니다.

Itaim bibi é mais seguro do que Bom Retiro.
이따임 비비 에 마이스 쎄구루 두 끼 봉 헤치루

양재가 역삼보다 더 조용합니다.

Yangjae é mais tranquilo do que Yeoksam.
양재 에 마이스 뜨랑뀔루 두 끼 역삼

용산은 편리한 동네입니다. 식당, 빵집 그리고 상점이 많습니다.

Yongsan é um bairro conveniente. Tem muitos
용산 에 웅 바이후 꼰베니엔치 뗑 무이뚜스

restaurantes, padarias e lojas.
헤스따우란치스 빠다리아스 이 로자스

▶우등/열등 비교급

mais/menos+형용사+que/do que

Eu sou mais linda que você. 나는 너보다 예뻐.

주요표현

A : Quando você vai sair de férias?
꽌두 보쎄 바이 싸이르 지 페리아스

B : Ainda não sei.
아인다 나웅 쎄이

A : 휴가는 언제 가세요?

B : 아직 모르겠어요.

5월에 휴가를 낼 겁니다.

Eu vou tirar férias em maio.
에우 보우 치라르 페리아스 엥 마이우

알리니는 다음 주에 휴가입니다.

Aline estará de férias na próxima semana.
알리니 에스따라 지 페리아스 나 쁘로씨마 쎄마나

휴가 때 무엇을 하실 생각입니까?

O que você vai fazer nas férias?
우 끼 보쎄 바이 파제르 나스 페리아스

휴가는 어떻게 보내실 겁니까?

Como você vai passar as suas férias?
꼬무 보쎄 바이 빠싸르 아스 쑤아스 페리아스

여행할 생각이세요?

Você está pensando em viajar?
보쎄 에스따 뻰싼두 엥 비아자르

말레이시아 여행을 계획하고 있습니다.

Estou planejando uma viagem para Malásia.

에스또우 쁠라네잔두 우마 비아젱 빠라 말라지아

같이 갈래요? 혼자 여행하는 것을 싫어해요.

Quer ir junto? Não gosto de viajar sozinho.

께르 이르 준뚜 나웅 고스뚜 지 비아자르 쏘지뉴

어디로 가세요?

Para onde você vai?

빠라 온지 보쎄 바이

스페인에 갑니다.

Vou para Espanha.

보우 빠라 에스빠냐

아직 모르겠어요. 해변에 가고 싶어요.

Ainda não sei. Quero ir à praia.

아인다 나웅 쎄이 께루 이르 아 쁘라이아

주요표현

A : Quais são os seus hobbies?
꽈이스 싸웅 우스 쎄우스 호비스

B : Eu gosto de desenhar.
에우 고스뚜 지 데제냐르

A : 취미가 무엇입니까?

B : 저는 그림 그리기를 좋아해요.

어떤 스포츠를 좋아하세요?

Que tipo de esporte você gosta?
끼 치뿌 지 에스뽀르치 보쎄 고스따

저는 축구 하는 것을 좋아합니다.

Eu gosto de jogar futebol.
에우 고스뚜 지 조가르 푸치보우

마르코스는 야구를 좋아합니다.

Marcos gosta de beisebol.
마르꾸스 고스따 지 베이스보우

소피아는 친구들과 골프 치는 것을 좋아합니다.

Sofia gosta de jogar golf com suas amigas.
쏘피아 고스따 지 조가르 골피 꽁 쑤아스 아미가스

우리는 등산하는 것을 좋아합니다.

Nós gostamos de escalar montanhas.
노스 고스따무스 지 에스깔라르 몬따냐스

책 읽는 걸 좋아하세요?

Você gosta de ler?

보쎄 고스따 지 레르

나는 문학 작품을 좋아합니다.

Eu gosto das obras literárias.

에우 고스뚜 다스 오브라스 리떼라리아스

하나는 고전 읽는 걸 매우 좋아합니다.

Hana adora ler os clássicos.

하나 아도라 레르 우스 끌라씨꾸스

나는 한국 드라마 보는 것을 무척 좋아합니다.

Eu adoro assistir às novelas coreanas.

에우 아도루 아씨스치르 아스 노벨라스 꼬레아나스

친구들을 집에 초대하는 것을 무척 좋아합니다.

Eu adoro receber amigos em casa.

에우 아도루 헤쎄베르 아미구스 엥 까자

gostar는 '~을 좋아하다'라는 뜻의 동사로, 항상 de와 함께하며 뒤에 '좋아하는 대상'을 써주면 됩니다.

Eu gosto de você. 나는 네가 좋아.

6. 스포츠

주요표현

A : Você gosta de esporte?
보세 고스따 지 이스뽀르치

B : Sim, eu gosto de futebol.
씽 에우 고스뚜 지 푸치보우

A : 스포츠를 좋아하세요?

B : 네, 축구를 좋아합니다.

운동을 하십니까?

Você pratica algum esporte?
보쎄 쁘라치까 아우궁 이스뽀르치

좋아하는 운동이 무엇입니까?

Que tipo de esporte você gosta?
끼 치뿌 지 이스뽀르치 보쎄 고스따

저는 모든 스포츠를 다 좋아합니다.

Eu gosto de todo tipo de esporte.
에우 고스뚜 지 또두 치뿌 지 이스뽀르치

내가 좋아하는 운동은 수영입니다.

O esporte que eu gosto é natação.
우 이스뽀르치 끼 에우 고스뚜 에 나따싸웅

어떤 운동을 하십니까?

Qual esporte você pratica?
꽈우 이스뽀르치 보쎄 쁘라치까

저는 테니스를 즐겨 합니다.

Eu gosto de jogar tênis.

에우 고스뚜 지 조가르 떼니스

얼마나 자주 테니스를 칩니까?

Com quanta frequência você joga tênis?

꽁 꽌따 프레꾸엔씨아 보쎄 조가 떼니스

일주일에 두 번 합니다.

Jogo duas vezes por semana.

조구 두아스 베지스 뽀르 쎄마나

축구 하는 것을 좋아하세요?

Você gosta de jogar futebol?

보쎄 고스따 지 조가르 푸치보우

아뇨, 저는 축구에 관심이 없어요.

Não. Eu não tenho interesse pelo futebol.

나웅 에우 나웅 떼뉴 인떼레씨 뻴루 푸치보우

저는 야구를 좋아해요.

Eu gosto de beisebol.

에우 고스뚜 지 베이스보우

연습하면 더 좋아질 겁니다.

Vai melhorar com o treinamento.

바이 멜료라르 꽁 우 뜨레이나멘뚜

주요표현

A : O que está sentindo?
우 끼 에스따 쎈친두

B : Estou com dor de estômago.
에스또우 꽁 도르 지 에스또마구

A : 어디가 아프세요?

B : 배가 아픕니다.

오한이 나고 몸이 아파요.

Sinto calafrios e dores no corpo.
씬뚜 깔라프리우스 이 도리스 누 꼬르뿌

구역질이 나고 아무것도 못 먹겠어요.

Estou com náusea e não consigo comer nada.
이스또우 꽁 나우제아 이 나웅 꼰씨구 꼬메르 나다

편두통이 자주 있습니다.

Tenho enxaquecas regularmente.
떼뉴 엔샤께까스 헤굴라르멘치

목이 아파요.

Estou com dor de garganta.
이스또우 꽁 도르 지 가르간따

아들이 고열이 있습니다.

O meu filho está com febre alta.
우 메우 필류 이스따 꽁 페브리 아우따

당신은 독감에 걸렸습니다.

Você pegou uma gripe.

보쎄 뻬고우 우마 그리뻬

약을 주실 건가요?

Vai me dar remédio?

바이 미 다르 헤메지우

주사를 놓겠습니다.

Vou lhe dar uma injeção.

보우 례 다르 우마 인제싸웅

피 검사를 해보셔야 합니다.

Você precisa fazer um exame de sangue.

보쎄 쁘레씨자 파제르 웅 에자미 지 쌍기

드시는 약 있으세요?

Você toma alguma medicação?

보쎄 또마 아우구마 메지까싸웅

통증이 언제부터 있었습니까?

Desde quando sentiu dor?

데스지 꽌두 쎈치우 도르

레오나르도는 계속 기침을 해요.

Leonardo não para de tossir.

레오나르두 나웅 빠라 지 또씨르

8. 약국에서

주요표현

A : Vocês têm analgésico?
보쎄스 뗑 아나우제씨꾸

B : Temos. Está com dor de cabeça?
떼무스 에스따 꽁 도르 지 까베싸

A : 진통제 있습니까?

B : 네. 머리가 아프세요?

감기약 주세요.

Um remédio para resfriado, por favor.
웅 헤메지우 빠라 헤스프리아두 뽀르 파보르

기침과 재채기가 멈추지 않아요.

Estou tossindo e espirrando sem parar.
에스또우 또씬두 이 에스삐한두 셍 빠라르

콧물이 많이 나요.

Estou com o nariz escorrendo.
에스또우 꽁 우 나리쓰 에스꼬헨두

소화제 하나 부탁합니다.

Um remédio para má digestão, por favor.
웅 헤메지우 빠라 마 지제스따웅 뽀르 파보르

약을 빈속에 먹어도 괜찮습니까?

Posso tomar o remédio com estômago vazio?
뽀쑤 또마르 우 헤메지우 꽁 에스또마구 바지우

처방전 있으세요?

Você tem uma prescrição médica?
보쎄 뗑 우마 쁘레스끄리싸웅 메지까

이 약 처방전 없이 살 수 있습니까?

Posso comprar este medicamento sem a receita médica?
뽀쑤 꼼쁘라르 에스치 메지까멘뚜 쎙 아 헤쎄이따 메지까

이 약은 처방전이 있어야만 살 수 있습니다.

Este medicamento só é vendido com a receita médica.
에스치 메지까멘뚜 쏘 에 벤지두 꽁 아 헤세이따 메지까

이 약을 식후에 드세요.

Tome este remédio após a refeição.
또미 에스치 헤메지우 아뽀스 아 헤페이싸웅

이 약은 우유랑 먹지 마세요.

Não tome este remédio com leite.
나웅 또미 에스치 헤메지우 꽁 레이치

하루에 세 알씩 드세요.

Tome três comprimidos por dia.
또미 뜨레스 꼼쁘리미두스 뽀르 지아

주요표현

A : Quero enviar esta encomenda para a Coreia do Sul.
께루 엔비아르 에스따 엔꼬멘다 빠라 아 꼬레이아 두 쑤

B : Por via aérea ou marítima?
뽀르 비아 아에리아 오우 마리치마

A : 이 소포를 한국에 부쳐주세요.

B : 항공편인가요, 선편인가요?

이 서류를 등기우편으로 보내주세요.

Quero enviar este documento por carta registrada.
께루 엔비아르 에스치 도꾸멘뚜 뽀르 까르따 헤지스뜨라다

인터넷으로 전보를 어떻게 보내나요?

Como envio um telegrama via internet?
꼬무 엔비우 웅 뗄레그라마 비아 인떼르네치

우편물은 브라질까지 가는 데 얼마나 걸립니까?

Quanto tempo leva o correio para o Brasil?
꽌뚜 뗌뿌 레바 우 꼬헤이우 빠라 우 브라지우

속달우편은 얼마인가요?

Quanto é o correio expresso?
꽌뚜 에 우 꼬헤이우 에스쁘레쑤

소포를 몇 개 보내시겠어요?

Quantas encomendas deseja enviar?
꽌따스 엔꼬멘다스 데쎄자 엔비아르

내용물이 뭔가요?

Qual é o conteúdo?

꽈우 에 우 꼰떼우두

옷과 책입니다.

São roupas e livros.

싸웅 호우빠스 이 리브루스

전자제품은 보내실 수 없습니다.

Não é permitido enviar aparelhos eletrônicos.

나웅 에 뻬르미치두 엔비아르 아빠렐류스 엘레뜨로니꾸스

이 소포를 미국에 보내주세요.

Eu gostaria de enviar este pacote para os Estados Unidos.

에우 고스따리아 지 엔비아르 에스치 빠꼬치 빠라 우스 에스따두스 우니두스

발송인 이름과 주소를 쓰세요.

Por favor, escreva o nome e o endereço do remetente.

뽀르 파보르 에스끄레바 우 노미 이 우 엔데레쑤 두 헤메뗀치

영수증 여기 있습니다.

Aqui está o seu recibo.

아끼 이스따 우 쎄우 헤씨부

주요표현

A : Quero cortar o cabelo.
께루 꼬르따르 우 까벨루

B : Como você gostaria do seu corte de cabelo?
꼬무 보쎄 고스따리아 두 쎄우 꼬르치 지 까벨루

A : 머리를 자르고 싶습니다.
B : 어떤 스타일로 잘라드릴까요?

끝에만 다듬어주세요.

Eu só quero aparar as pontas.
에우 쏘 께루 아빠라르 아스 뽄따스

층을 내서 잘라주세요.

Quero cortar em camadas.
께루 꼬르따르 엥 까마다스

저는 머리카락이 건조합니다.

Eu tenho cabelos secos.
에우 떼뉴 까벨루스 쎄꾸스

저는 머리카락이 기름집니다.

Eu tenho cabelos oleosos.
에우 떼뉴 까벨루스 올레오주스

어떤 샴푸를 쓰세요?

Que tipo de xampu você usa?
끼 치뿌 지 샴뿌 보쎄 우자

파마해 주세요.

Gostaria de fazer permanente.

고스따리아 지 파제르 뻬르마넨치

눈썹 정리를 하시겠어요?

Quer aparar as sobrancelhas?

께르 아빠라르 아스 쏘브란쎌랴스

턱수염도 잘라주세요.

Gostaria de cortar a barba também.

고스따리아 지 꼬르따르 아 바르바 땅벵

앞머리를 자르고 싶어요.

Quero cortar a franja.

께루 꼬르따르 아 프란자

다 됐습니다. 마음에 드세요?

Está pronto. Gostou?

이스따 쁘론뚜 고스또우

앞머리가 너무 짧네요.

A franja ficou muito curtinha.

아 프란자 피꼬우 무이뚜 꾸르치냐

손톱 관리를 받아야 합니다.

Eu preciso fazer as unhas.

에우 쁘레씨주 파제르 아스 우냐스

---

11. 도서관에서

주요표현

A : Posso emprestar até quantos livros?
뽀쑤 엠쁘레스따르 아떼 꽌뚜스 리브루스

B : Pode pegar emprestado até três livros.
뽀지 뻬가르 엠쁘레스따두 아떼 뜨레스 리브루스

A : 책을 몇 권까지 빌릴 수 있습니까?
B : 세 권까지 빌리실 수 있습니다.

회원이세요?

Você está cadastrado?
보쎄 에스따 까다스뜨라두

아니요. 회원 가입은 어떻게 하나요?

Não. Como me cadastro?
나웅 꼬무 미 가다스뜨루

거주증을 가져오셔야 합니다.

Você tem que trazer seu comprovante de residência.
보쎄 뗑 끼 뜨라제르 쎄우 꼼쁘로반치 지 헤지덴씨아

이용 시간은 오전 9시부터 오후 7시까지입니다.

O horário de funcionamento é das 9h às 19h.
우 오라리우 지 푼씨오나멘뚜 에 다스 노비 아스 데제노비 오라스

이 책을 대출하겠습니다.

Gostaria de emprestar este livro.
고스따리아 지 엠쁘레스따르 에스치 리브루

대출 기간은 15일입니다.

O período de empréstimo é de 15 dias.
우 뻬리오두 지 엠쁘레스치무 에 지 낑지 지아스

반납 지연 시 벌금을 받습니다.

Cobramos multas por atraso na devolução.
꼬브라무스 무우따스 뽀르 아뜨라주 나 데볼루싸웅

대출은 2회 연장 가능합니다.

Os empréstimos podem ser renovados até duas
우스 엠쁘레스치무스 뽀뎅 쎄르 헤노바두스 아떼 두아스

vezes.
베지스

연장은 인터넷으로 신청할 수 있습니다.

A renovação pode ser realizada através da internet.
아 헤노바싸웅 뽀지 쎄르 헤알리자다 아뜨라베스 다 인떼르네치

도서관 내에서 취식은 금지되어 있습니다.

Não é permitido consumir alimentos na biblioteca.
나웅 에 뻬르미치두 꼰쑤미르 알리멘뚜스 나 비블리오떼까

책을 조심해서 봐주세요.

Cuide bem dos livros.
꾸이지 벵 두스 리브루스

주요표현

A : Você tem uma conta nesta agência?
보쎄 뗑 우마 꼰따 네스따 아젠씨아

B : Sim, tenho duas contas.
씽 떼뉴 두아스 꼰따스.

A : 이 은행의 계좌를 갖고 계신가요?

B : 네, 두 개 있습니다.

돈을 찾겠습니다.

Gostaria de fazer um saque.
고스따리아 지 파제르 웅 싸끼

예금하려고 합니다.

Gostaria de fazer um depósito.
고스따리아 지 파제르 웅 데뽀지뚜

계좌를 개설하겠습니다.

Gostaria de abrir uma conta corrente.
고스따리아 지 아브리르 우마 꼰따 꼬헨치

송금을 하려고 합니다.

Gostaria de fazer uma transferência.
고스따리아 지 파제르 우마 뜨란스페렌씨아

서울로 송금해 주세요.

Gostaria de enviar dinheiro para Seul.
고스따리아 지 엔비아르 지녜이루 빠라 쎄우

이자율은 몇 프로인가요?

Qual é a taxa de juros?

꽈우 에 아 따샤 지 주루스

오늘 달러 시세는 어떻게 되나요?

Qual é a cotação do dólar hoje?

꽈우 에 아 꼬따싸웅 두 돌라르 오지

오늘 헤알 가격은 어떻게 되나요?

Qual o valor do real hoje?

꽈우 오 발로르 두 헤아우 오지

신분증을 보여주세요.

Pode me mostrar sua carteira de identidade.

뽀지 미 모스뜨라르 쑤아 까르떼이라 지 이덴치다지

계좌번호가 무엇인가요?

Qual é o número da sua conta?

꽈우 에 우 누메루 다 쑤아 꼰따

비밀번호를 눌러주세요.

Por favor, digite a sua senha.

뽀르 파보르 지지치 아 쑤아 쎄냐

이 지폐를 동전으로 바꿔주세요.

Quero trocar esta nota por moedas.

께루 뜨로까르 에스따 노따 뽀르 모에다스

주요표현

A : A que horas começa o filme?
아 끼 오라스 꼬메싸 우 피우미

B : Começa às três e meia.
꼬메싸 아스 뜨레이스 이 메이아

A : 영화는 몇 시에 시작합니까?

B : 3시 반에 시작합니다.

티켓은 어디서 살 수 있나요?

Onde posso comprar os ingressos?
온지 뽀쑤 꼼쁘라르 우스 잉그레쑤스

얼마입니까?

Quanto custa?
꽌뚜 꾸스따

학생 할인이 되나요?

Tem desconto para estudantes?
뗑 데스꼰뚜 빠라 에스뚜단치스

두 번째 줄에 앉고 싶어요.

Gostaria de sentar na segunda fileira.
고스따리아 지 센따르 나 씨군다 필레이라

지금 어떤 영화가 상영되고 있습니까?

Quais filmes estão em cartaz?
꽈이스 피우미스 이스따웅 엥 까르따스

너 이 영화 봤어?

Você assistiu este filme?

보쎄 아씨스치우 에스치 피우미

더빙 혹은 자막 중 어떤 영화가 좋아?

Você prefere filme dublado ou legendado?

보쎄 쁘레페리 피우미 두블라두 오우 레젠다두

주인공은 누구 누구니?

Quem são os protagonistas?

껭 싸웅 우스 쁘로따고니스따스

영화는 몇 시에 끝나?

A que horas termina o filme?

아 끼 오라스 떼르미나 우 피우미

팝콘 살까?

Vamos comprar pipoca?

바무스 꼼쁘라르 삐뽀까

내가 본 영화 중에 최고다.

É o melhor filme que já assisti.

에 우 멜료르 피우미 끼 자 아씨스치

그는 아주 훌륭한 배우야.

Ele é um ator maravilhoso.

엘리 에 웅 아또르 마라빌료주

관련단어

직위

cargo	까르구	직위
presidente	쁘레지덴치	회장, 대통령
vice-presidente	비씨 쁘레지덴치	부회장, 부통령
chefe	셰피	상사, ~장
diretor / diretora	지레또르 / 지레또라	이사, ~장
diretor executivo	지레또르 에제꾸치부	경영책임자, 대표이사
funcionário / funcionária	푼씨오나리우 / 푼씨오나리아	직원
gerente	제렌치	매니저
secretário / secretária	쎄끄레따리우 / 쎄끄레따리아	비서

사무실

escritório	에스끄리또리우	사무실
computador	꼼뿌따도르	컴퓨터
telefone	뗄레포니	전화기
telefone celular	뗄레포니 셀루라르	휴대폰
impressora	임쁘레쏘라	인쇄기
escaneador	에스까네아도르	스캐너
monitor	모니또르	모니터
alto-falante	아우뚜 팔란치	스피커
máquina de xeróx	마끼나 지 셰록스	복사기
fax	팍스	팩스
calculadora	까우꿀라도라	계산기

grampeador	그람뻬아도르	스테이플러
notebook	노치부끼	노트북
impressora	임쁘레쏘라	프린터
teclado	떼끌라두	키보드
tesoura	떼조우라	가위
estilete	에스칠레치	커터칼
borracha	보하샤	지우개
caneta	까네따	볼펜
lápis	라삐스	연필
marcador de texto	마르까도르 지 떼스뚜	사인펜
fita adesiva	피따 아데지바	스카치테이프
memória USB	메모리아 우에씨베	USB 메모리
nota adesiva	노따 아데지바	포스트잇
régua	헤구아	자

취미, 스포츠

assistir a filmes	아씨스치르 아 피우미스	영화 감상하다
ouvir música	오우비르 무지까	음악 감상하다
ler livros	레르 리브루스	독서하다
nadar	나다르	수영하다
esquiar	에스끼아르	스키 타다
pescar	뻬스까르	낚시하다
escalar montanhas	에스깔라르 몬따냐스	등산하다
desenhar	데제냐르	그림 그리다
cozinhar	꼬지냐르	요리하다
cantar	깐따르	노래하다
dançar	단싸르	춤추다

관련단어

jogar	조가르	운동하다, 게임하다
assistir a novelas	아씨스치르 아 노벨라스	드라마 보다
recoletar	헤꼴레따르	수집하다
pesquisar na internet	뻬스끼자르 나 인떼르네치	인터넷 서핑하다
fazer compras	파제르 꼼쁘라스	쇼핑하다
tirar fotos	치라르 포뚜스	사진 찍다
dirigir	지리지르	운전하다
viajar	비아자르	여행하다
esporte	에스뽀르치	스포츠
futebol	푸치보우	축구
tênis	떼니스	테니스
beisebol	베이스보우	야구
vóleibol	볼레이보우	배구
basquete	바스께치	농구
pingue-pongue	삥기 뽕기	탁구
badminton	배드민똔	배드민턴
sinuca	씨누까	당구
golf	고우피	골프
luta	루따	레슬링
taekwondo	따에꿘도	태권도
boliche	볼리시	볼링
iate	이아치	요트
yoga	요가	요가
patinação	빠치나싸웅	스케이트
caça	까싸	사냥
caminhada	까미냐다	트레킹

병원, 약국

médico	메지꾸	의사
enfermeiro	인페르메이루	간호사
paciente	빠씨엔치	환자
prescrição	쁘레스끄리싸웅	처방전
febre	페브리	열
injetar	인제따르	주사를 놓다
resfriado	헤스프리아두	감기
tosse	또씨	기침
corrimento nasal	꼬히멘뚜 나자우	콧물
dor de dente	도르 지 덴치	치통
dor de barriga	도르 지 바히가	복통
tonsilite	똔씰리치	편도염
gastrite	가스뜨리치	위염
hepatite	에빠치치	간염
pressão de sangue	쁘레싸웅 지 쌍기	혈압
sangue	쌍기	피
temperatura	뗌뻬라뚜라	체온
diarréia	지아헤이아	설사
apetite	아뻬치치	식욕
constipação	꼰스치빠싸웅	변비
ferida	페리다	부상, 상처
queimadura	께이마두라	화상
coceira	꼬쎄이라	가려움
infecção	인펙싸웅	염증
curar	꾸라르	치료하다
torcer	또르쎄르	삐다

관련단어

digerir	디제리르	소화하다
vomitar	보미따르	토하다
máscara descartável	마스까라 데스까르따베우	일회용 마스크
álcool gel	아우꼬우 제우	손 소독제
luvas	루바스	장갑
medicamento	메지까멘뚜	약
comprimido	꼼쁘리미두	알약
remédio líquido	헤메지우 리끼두	물약
xarope	샤로삐	시럽
pomada	뽀마다	연고
curativo	꾸라치부	붕대
gaze	가지	거즈
remédio para digestão	헤메지우 빠라 지제스따웅	소화제
remédio para diarreia	헤메지우 빠라 지아헤이아	지사제
remédio para enjoo	헤메지우 빠라 잉조우	멀미약
remédio para febre	헤메지우 빠라 페브리	해열제
remédios para dormir	헤메지우 빠라 두르미르	수면제
analgésico	아니우제씨꾸	진통제
desinfetante	데진페딴치	소독약
laxante	라샨치	변비약

전화

5장

1. 전화를 걸 때
2. 전화를 받을 때
3. 부재중일 때
4. 말을 전할 때
5. 기타 전화 상황

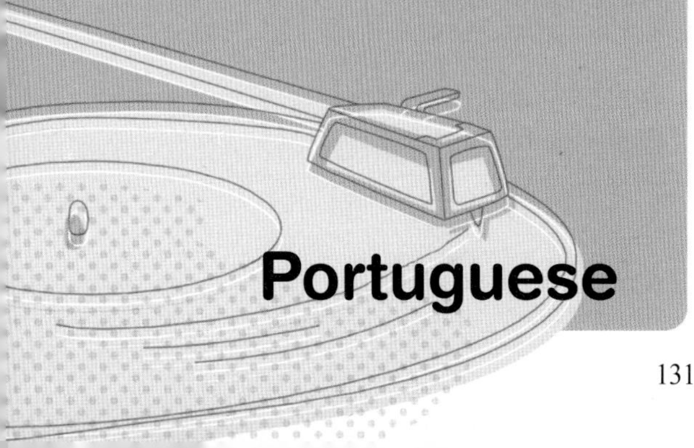

Portuguese

1. 전화를 걸 때

주요표현

A : Alô. É a casa da Sofia?
알로 에 아 까자 다 쏘피아

B : Sim, quem fala?
씽 껭 팔라

A : 여보세요. 소피아 씨 댁인가요?

B : 네, 누구시죠?

여보세요? 누구세요?

Alô? Quem fala?
알로 껭 팔라

저는 엥히끼입니다.

Aqui é o Enrique.
아끼 에 우 엥히끼

여보세요. 카를로스 있어요?

Alô. O Carlos está?
알로 우 까를루스 에스따

그는 아직 안 왔습니다.

Ele ainda não chegou.
엘리 아인다 나웅 셰고우

여보세요. 프리실라 있어요?

Alô. A Priscila está?
알로 아 쁘리씰라 에스따

네, 잠시만요.

Está, um momento.

에스따 웅 모멘뚜

지금 안 계십니다.

Ela não está agora.

엘라 나웅 에스따 아고라

자리에 안 계십니다.

Ela não se encontra.

엘라 나웅 씨 인꼰뜨라

메시지를 남겨주세요.

Deixe o recado, por favor.

데이시 우 헤까두 뽀르 파보르

메시지를 남기시겠어요?

Quer deixar recado?

께르 데이샤르 헤까두

주요표현

A : Posso falar com Matias, por favor?
뽀쑤 팔라르 꽁 마치아스 뽀르 파보르

B : Um momento, por favor.
웅 모멘뚜 뽀르 파보르

A : 마치아스 씨 있어요?

B : 잠시만 기다려 주세요.

무엇을 도와드릴까요?

Como posso te ajudar?
꼬무 뽀쑤 치 아주다르

루이스 씨 좀 바꿔주시겠습니까?

Poderia falar com o Sr. Luiz?
뽀데리아 팔라르 꽁 우 쎄뇨르 루이스

끊지 말고 기다리세요.

Aguarde na linha, por favor.
아과르지 나 리냐 뽀르 파보르

전화를 끊지 말아 주세요.

Por favor, não desligue o telefone.
뽀르 파보르 나웅 데스리기 우 뗄레포니

기다려 주셔서 감사합니다.

Obrigada por aguardar.
오브리가다 뽀르 아과르다르

전화하신 분은 누구시죠?

Quem está falando?
껭 이스따 팔란두

까밀라 멘지스입니다.

Aqui é a Camila Mendes.
아끼 에 아 까밀라 멘지스

죄송하지만 성함을 다시 얘기해 주시겠어요?

Desculpe, pode repetir o seu nome?
지스꾸삐 뽀지 헤뻬치르 우 쎄우 노미

죄송하지만 못 들었어요.

Desculpe, não ouvi!
지스꾸삐 나웅 오우비

(너의 말이) 잘 안 들려.

Não consigo te ouvir muito bem.
나웅 꼰씨구 치 오우비르 무이뚜 벵

실비아, 네 핸드폰이 울리고 있어.

Silvia, seu celular está tocando.
씨우비아 쎄우 셀루라르 이스따 또깐두

실비아, 전화 받아.

Silvia, atende o telefone.
씨우비아 아뗀지 우 뗄레포니

주요표현

A : Posso falar com a Rebeca, por favor?
뽀쑤 팔라르 꽁 아 헤베까 뽀르 파보르

B : Sinto muito, mas ela não está disponível.
씬뚜 무이뚜 마스 엘라 나웅 이스따 지스뽀니베우

A : 헤베카 씨와 통화 가능한가요?

B : 죄송하지만 지금은 전화를 받으실 수 없습니다.

그녀는 회의 중입니다.

Ela está em uma reunião.
엘라 이스따 엥 우마 헤우니아웅

통화중입니다.

A linha está ocupada.
아 리냐 이스따 오꾸빠다

그는 사무실을 막 나갔습니다.

Ele acabou de sair do escritório.
엘리 아까보우 지 싸이르 두 에스끄리또리우

그녀는 휴가 중입니다.

Ela está de férias.
엘라 이스따 지 페리아스

존은 병가 중입니다.

John está de licença médica.
존 이스따 지 리쎈싸 메지까

줄리아는 출산 휴가 중입니다.

Júlia está de licença-maternidade.

줄리아 이스따 지 리쎈싸 마떼르니다지

그들은 지금 출장 중입니다.

Eles estão viajando a trabalho.

엘리스 이스따웅 비아잔두 아 뜨라발류

사장님은 언제 돌아옵니까?

Quando o chefe volta?

꽌두 우 셰피 보우따

그녀와 어떻게 연락할 수 있나요?

Como poderia falar com ela?

꼬무 뽀데리아 팔라르 꽁 엘라

제가 나중에 다시 전화할게요.

Vou ligar de novo mais tarde.

보우 리가르 지 노부 마이스 따르지

이 번호로 전화하지 마세요.

Não ligue para este número.

나웅 리기 빠라 에스치 누메루

전화하지 말고 문자 주세요.

Não me ligue, mande mensagem.

나웅 미 리기 만지 멘싸젱

주요표현

A : O diretor Yang não está disponível.
우 지레또르 양 나웅 이스따 지스뽀니베우

B : Posso deixar uma mensagem?
뽀쑤 데이샤르 우마 멘싸젱

A : 양 이사님은 자리에 안 계십니다.

B : 메시지를 남겨도 될까요?

말씀하세요.

Diga, por favor.
지가 뽀르 파보르

카밀라가 전화했다고 전해 주세요.

Por favor, diga-lhe que a Camila ligou.
뽀르 파보르 지갈리 끼 아 까밀라 리고우

저는 오늘 늦을 거라고 전해 주세요.

Por favor, diga-lhe que hoje eu vou chegar tarde.
뽀르 파보르 지갈리 끼 오지 에우 보우 셰가르 따르지

저에게 다시 전화해 달라고 그녀에게 말해 주세요.

Peça para ela ligar para mim de volta, por favor.
뻬싸 빠라 엘라 리가르 빠라 밍 지 보우따 뽀르 파보르

자료를 내일 보내드린다고 전해 주세요.

Por favor, diga-lhe que enviarei os documentos amanhã.
뽀르 파보르 지갈리 끼 엔비아레이 우스 도꾸멘뚜스 아마냐

좀 천천히 말씀해 주시겠어요?

Pode falar mais devagar, por favor?

뽀지 팔라르 마이스 지바가르 뽀르 파보르

그가 준비되면 저한테 알려주세요.

Me avise quando ele estiver pronto, por favor.

미 아비지 꽌두 엘리 에스치베르 쁘론뚜 뽀르 파보르

그가 도착하면 제게 알려줄 수 있나요?

Você pode me avisar quando ele chegar?

보쎄 뽀지 미 아비자르 꽌두 엘리 셰가르

번호가 어떻게 되세요?

Qual é o seu número?

꽈우 에 우 쎄우 누메루

제 번호는 123-456입니다.

Meu número é 123-456.

메우 누메루 에 웅 도이스 뜨레스 꽈뜨루 씽꾸 쎄이스

아나의 휴대폰 번호는 무엇인가요?

Qual é o numero de celular da Ana?

꽈우 에 우 누메루 지 쎌루라르 다 아나

그의 이메일 주소는 무엇인가요?

Qual é o endereço de e-mail dele?

꽈우 에 우 엔데레쑤 지 이메이우 델리

5. 기타 전화 상황

주요표현

A : Sinto muito. É engano.
씬뚜 무이뚜 에 엔가누

B : Não faz mal.
나웅 파쓰 마우

A : 죄송합니다. 잘못 걸었습니다.

B : 괜찮습니다.

더 크게 말씀해 주실 수 있을까요?

Pode falar mais alto, por favor?
뽀지 팔라르 마이스 아우뚜 뽀르 파보르

다시 한번 말씀해 주시겠습니까?

Poderia repetir, por favor?
뽀데리아 헤뻬치르 뽀르 파보르

리나와 얘기할 수 있을까요?

Posso falar com a Lina?
뽀쑤 팔라르 꽁 아 리나

여기 그런 분 안 계십니다.

Não tem ninguém aqui com esse nome.
나웅 뗑 닌겡 아끼 꽁 에씨 노미

전화 잘못 거셨습니다.

Você ligou para o número errado.
보쎄 리고우 빠라 우 누메루 에하두

버튼을 잘못 눌렀어요.

Apertei o botão errado.

아뻬르떼이 우 보따웅 에하두

연결 상태가 좋지 않습니다.

A conexão está ruim.

아 꼬넥싸웅 이스따 후잉

전화가 끊겼습니다.

A ligação caiu.

아 리가싸웅 까이우

전화해 주셔서 감사합니다.

Obrigada pela ligação.

오브리가다 뻴라 리가싸웅

나는 당신 메시지를 못 받았어요.

Eu não recebi a sua mensagem.

에우 나웅 헤쎄비 아 쑤아 멘싸젱

전화를 끊어야겠어요.

Preciso desligar.

쁘레씨주 데스리가르

나중에 다시 얘기해요.

Falo com você mais tarde.

팔루 꽁 보쎄 마이스 따르지

관련단어

전화, 휴대폰

ligação internacional	리가싸웅 인떼르나씨오나우	국제 전화
código de área	꼬지구 지 아레아	지역번호
cartão telefônico	까르따웅 뗄레포니꾸	전화카드
orelhão	오렐랴웅	공중전화박스
secretária eletrônica	쎄끄레따리아 일레뜨로니까	자동응답기
rede social	헤지 쏘씨아우	소셜 네트워크
celular	쎌루라르	휴대폰
smartphone	스마트폰	스마트폰
bateria	바떼리아	배터리
carregador de bateria	까헤가도르 지 바떼리아	배터리 충전기
videochamada	비지우샤마다	영상통화
videoconferência	비지우꼰페렌씨아	화상회의

6장

초대 · 방문 · 축하

1. 초대할 때
2. 방문할 때
3. 손님을 맞이할 때
4. 식사를 대접할 때
5. 손님을 배웅할 때
6. 축하의 표현
7. 축복과 기원

Portuguese

주요표현

A : Vou fazer uma festa em casa. Você está convidado!
보우 파제르 우마 페스따 엥 까자 보쎄 에스따 꼰비다두

B : Legal! Quando?
레가우 꽌두

A : 집에서 파티를 열 거예요. 당신을 초대할게요!
B : 좋아요! 언제요?

당신을 우리 집에 초대하고 싶어요.

Gostaria de convidar você para a minha casa.
고스따리아 지 꼰비다르 보쎄 빠라 아 미냐 까자

파티를 하려고 합니다.

Vou fazer uma festa.
보우 파제르 우마 페스따

무엇을 기념하는 건가요?

Qual é a ocasião?
꽈우 에 아 오까지아웅

제 생일입니다.

É o meu aniversário.
에 우 메우 아니베르싸리우

유림이의 송별 식사를 준비할 거예요.

Vou preparar um jantar de despedida de Yurim.
보우 쁘레빠라르 웅 잔따르 지 지스뻬지다 지 유림

모두 초대합니다!

Todos estão convidados!

또두스 에스따웅 꼰비다두스

내 남자 친구 데려가도 돼?

Posso levar o meu namorado?

뽀쑤 레바르 우 메루 나모라두

친구들을 데려와도 돼.

Podem trazer amigos.

뽀뎅 뜨라제르 아미구스

음료 가져가도 돼?

Posso trazer bebidas?

뽀쑤 뜨라제르 베비다스

모든 것이 다 준비되었어.

Tá tudo preparado.

따 뚜두 쁘레빠라두

수동태는 'estar+과거분사' 또는 'ser+과거분사'로 만들어주면 되는데, 과거분사는 다음과 같이 동사원형의 어미 -ar 대신 -ado, -er나 -ir 대신 -ido를 붙여서 만듭니다.

규칙형 falar → falado 말하다
viver → vivido 살다
dividir → dividido 나누다

주요표현

A : Com licença.
꽁 리쎈싸

B : Olá, Sra. Kim. Bem-vinda.
올라 쎄뇨라 낑 벵 빈다

A : 실례합니다.

B : 안녕하세요, 김 선생님. 어서 오세요.

안녕하세요 선생님, 들어오세요.

Boa tarde, senhora, pode entrar.
보아 따르지 쎄노랴 뽀지 엔뜨라르

미리암 안녕, 지금 집에 있니?

Oi Miriam, você está em casa?
오이 미리암 보쎄 이스따 엥 까자

너네 집에 지금 놀러가도 돼?

Posso ir te visitar na sua casa agora?
뽀쑤 이르 치 비지따르 나 쑤아 까자 아고라

주소가 뭐지?

Qual o seu endereço?
꽈우 우 쎄우 인데레쑤

바이아로 277번지.

Rua Bahia, número 277.
후아 바이아 누메루 도이스 쎄치 쎄치

11시쯤 도착할 거야.

Vou chegar por volta das onze.

보우 셰가르 뽀르 보우따 다스 온지

커피 마실래?

Você quer um café?

보쎄 께르 웅 까페

응, 마실래!

Quero sim!

께루 씽

점심에 피자 시켜 먹을까?

Vamos pedir pizza para o almoço?

바무스 삐지르 삣싸 빠라 우 아우모쑤

피자 지금 시켜도 돼?

Podemos pedir pizza agora?

뽀데무스 삐지르 삣싸 아고라

어머, 정원이 참 예쁘네!

Nossa, que jardim bonito!

노싸 끼 자르징 보니뚜

마르셀루, 집이 정말 크다!

Que apartamento grande, Marcelo!

끼 아빠르따멘뚜 그란지 마르셀루

주요표현

A : Oi! Estou aqui.
오이 에스또우 아끼

B : Que bom que você veio!
끼 봉 끼 보쎄 베이우

A : 안녕, 나 왔어.

B : 와줘서 너무 좋다!

우리 집에 온 걸 환영합니다!

Bem-vindo à minha casa!
벵 빈두 아 미냐 까자

늦으셨습니다.

Você está atrasado.
보쎄 에스따 아뜨라자두

제일 먼저 오셨습니다.

Você é o primeiro a chegar.
보쎄 에 우 쁘리메이루 아 셰가르

집이 정말 예뻐요!

Que casa linda!
끼 까자 린다

외투는 어디에 두면 되나요?

Onde posso deixar o casaco?
온지 뽀쑤 데이샤르 우 까자꾸

저기 작은 방에 두시면 됩니다.

Pode deixar naquela sala pequena.
뽀지 데이샤르 나껠라 쌀라 삐께나

당신을 위한 선물을 가져왔어요.

Trouxe um presente para você.
뜨로우씨 웅 쁘레젠치 빠라 보쎄

고마워요. 뭔가요?

Obrigada. O que é?
오브리가다 우 끼 에

꽃을 가져왔어요.

Eu te trouxe flores.
에우 치 뜨로우씨 플로리스

여기 앉으세요.

Pode sentar aqui.
뽀지 센따르 아끼

te는 '너에게'를 뜻하는 2인칭 간접목적격대명사입니다.

인칭	단수	복수
1인칭	me 나에게	nos 우리에게
2인칭	te 너에게	vos 너희에게
3인칭	lhe 그에게, 그녀에게, 당신에게	lhes 그들에게, 그녀들에게, 당신들에게

*브라질 회화에서는 lhe보다 전치사 para를 사용한 para ele, para ela, para você가 더 자주 쓰입니다.

주요표현

A : O que vocês vão servir?
우 끼 보쎄스 바웅 쎄르비르

B : Vamos servir feijoada.
바무스 쎄르비르 페이조아다

A : 어떤 음식을 준비할 거예요?

B : 페이조아다 할 거예요.

브라질 전통 음식을 준비했어요.

Preparei comidas típicas do Brasil.
쁘레빠레이 꼬미다스 치삐까스 두 브라지우

페이조아다와 빠웅 지 께이주 했어요.

Fiz feijoada e pão de queijo.
피쓰 페이조아다 이 빠웅 지 께이주

페이자웅, 밥, 샐러드와 닭고기를 만들고 있어요!

Estou fazendo feijão, arroz, salada e frango!
에스또우 파젠두 페이자웅 아호쓰 쌀라다 이 프랑구

우리는 감자전을 만들고 있어요.

Estamos fazendo panqueca de batata coreana.
에스따무스 파젠두 빤께까 지 바따따 꼬레아나

그걸 다 혼자 했어요?

Você fez tudo isso sozinha?
보쎄 페쓰 뚜두 이쑤 쏘지냐

김치 맛 보실래요?

Quer experimentar Kimchi?
께르 에스뻬리멘따르 낌치

조금만 주세요.

Um pouquinho, por favor.
웅 뽀우끼뉴 뽀르 파보르

축배를 들겠습니다!

Vamos fazer um brinde!
바무스 파제르 웅 브린지

이 커플을 위해 건배를 제의하고 싶습니다.

Eu gostaria de propor um brinde ao casal.
에우 고스따리아 지 쁘로뽀르 웅 브린지 아우 까자우

삶, 건강 그리고 사랑을 위해 건배!

Um brinde à vida, à saúde e ao amor!
웅 브린지 아 비다 아 싸우지 이 아우 아모르

건배!

Saúde!
싸우지

더 먹어요.

Come mais.
꼬미 마이스

주요표현

A : Nós precisamos ir.
노스 쁘레씨자무스 이르

B : Já vão embora?
자 바웅 임보라

A : 우리는 가봐야 합니다.

B : 벌써 가세요?

초대해 줘서 고마워요.

Obrigado por me convidar!
오브리가두 뽀르 미 꼰비다르

우리를 불러주셔서 감사합니다.

Obrigado por nos receber.
오브리가두 뽀르 노스 헤쎄베르

파티는 성공적이었어요!

A festa foi um sucesso!
아 페스따 포이 웅 쑤쎄쑤

저녁 식사 정말 최고였어요!

O jantar foi ótimo!
우 잔따르 포이 오치무

다 맛있었어요!

Estava tudo delicioso!
이스따바 뚜두 델리씨오주

파티 정말 즐거웠습니다.

Gostei muito da festa.

고스떼이 무이뚜 다 페스따

정말 즐거운 시간 보냈습니다.

Eu tive um tempo maravilhoso.

에우 치비 웅 뗑뿌 마라빌료주

앞으로 더 자주 모이자!

Devemos nos reunir com mais frequência!

데베무스 노스 헤우니르 꽁 마이스 프레꾸엔씨아

와줘서 고맙습니다.

Obrigada por ter vindo.

오브리가다 뽀르 떼르 빈두

운전 조심하세요.

Tenha cuidado ao dirigir.

떼냐 꾸이다두 아우 지리지르

estava는 estar(~이다)의 3인칭 단수 불완전과거형입니다. 완전과거가 '과거의 한정된 시점, 일회성'을 나타낼 때 쓰인다면 불완전과거는 '과거의 습관, 한동안 지속된 상황, 회상' 등을 나타낼 때 사용합니다.

Quando estava no ensino médio, estudava 10 horas por dia.

내가 고등학교 다닐 때, 하루에 10시간씩 공부했다.

6. 축하의 표현

주요표현

A : Feliz ano novo!
펠리쓰 아누 노부

B : Feliz ano novo!
펠리쓰 아누 노부

A : 새해 복 많이 받으세요!

B : 새해 복 많이 받으세요!

메리 크리스마스!

Feliz natal!

펠리쓰 나따우

해피 발렌타인데이!

Feliz dia dos namorados!

펠리쓰 지아 두스 나모라두스

생일 축하해요!

Parabéns pelo aniversário!

빠라벵스 뻴루 아니베르싸리우

축하해요!

Parabéns!

빠라벵스

기념일 축하해요!

Feliz aniversário!

펠리쓰 아니베르싸리우

신의 가호가 있기를!

Deus te abençoe!

데우스 치 아벤쏘이

정말 잘됐네요!

Que bom!

끼 봉

행복한 하루 보내세요.

Tenha um dia muito feliz.

떼냐 웅 지아 무이뚜 펠리쓰

좋은 일만 가득하세요.

Tudo de bom para você.

뚜두 지 봉 빠라 보쎄

모두에게 안부 전합니다.

Um abraço a todos.

웅 아브라쑤 아 또두스

모두 행복한 성탄절 되세요.

Desejo a todos um feliz natal.

데쎄주 아 또두스 웅 펠리쓰 나따우

모든 일이 다 잘되기를 빕니다!

Espero que tudo dê certo!

에스뻬루 끼 뚜두 데 쎄르뚜

---

7. 축복과 기원

주요표현

A : Feliz ano novo.
펠리쓰 아누 노부

B : Desejo muitas alegrias para o ano novo!
데쎄주 무이따스 알레그리아스 빠라 우 아누 노부

A : 새해 복 많이 받으세요.

B : 즐거운 일 가득한 새해가 되기를!

더욱 건강한 한 해 되길 바랍니다.

Que você tenha um ano de muita saúde.
끼 보쎄 떼냐 웅 아누 지 무이따 싸우지

행복한 한 해 되기를 기원합니다.

Espero que tenha um feliz ano novo.
이스뻬루 끼 떼냐 웅 펠리쓰 아누 노부

하시는 일에 행운과 성공이 있기를 바랍니다!

Desejo muita sorte e sucesso no seu trabalho!
데쎄주 무이따 쏘르치 이 쑤쎄쑤 누 쎄우 뜨라발류

당신의 꿈이 모두 이뤄지길 바랍니다.

Espero que todos os seus sonhos se realizem.
이스뻬루 끼 또두스 우스 쎄우스 쏘뉴스 씨 헤알리젱

신께서 너를 축복하시길!

Que deus te abençoe!
끼 데우스 치 아벤쏘이

특별한 하루가 되기를!

Espero que passe um dia especial!

이스뻬루 끼 빠씨 웅 지아 에스뻬씨아우

온 가족 모두 행복하시길 바랍니다!

Desejo muitas felicidades para toda sua família!

데쎄주 무이따스 펠리씨다지스 빠라 또다 쑤아 파밀리아

아주 멋진 생일이 되길 바랍니다.

Espero que o seu aniversário seja incrível.

이스뻬루 끼 우 쎄우 아니베르싸리우 쎄자 인끄리베우

잊지 못할 하루가 될 거예요.

Vai ser um dia inesquecível.

바이 쎄르 웅 지아 이네스께씨베우

오늘은 너의 날이야!

Hoje é o seu dia!

오지 에 우 쎄우 지아

관련단어

주요 형용사

muito	무이뚜	많은
pouco	뽀우꾸	적은
grande	그란지	큰
pequeno	뻬께누	작은
amplo	암쁠루	넓은
estreito	에스뜨레이뚜	좁은
longe	론지	먼
perto	뻬르뚜	가까운
comprido	꼼쁘리두	긴
curto	꾸르뚜	짧은
alto	아우뚜	키가 큰, 높은
baixo	바이슈	키가 작은, 낮은
bom	봉	좋은
mau	마우	나쁜
novo	노부	새로운
antigo	안치구	오래된
caro	까루	비싼
barato	바라뚜	싼
velho	벨류	늙은
novo	노부	젊은
pesado	뻬자두	무거운
leve	레비	가벼운
certo	쎄르뚜	옳은
errado	에하두	틀린
forte	포르치	강한
fraco	프라꾸	약한

쇼핑 · 식사

7장

1. 물건을 고를 때
2. 옷가게에서
3. 가격 흥정하기
4. 물건 값 계산하기
5. 교환, 반품
6. 음식점 예약
7. 음식 주문하기 1
8. 음식 주문하기 2
9. 맛에 대한 표현
10. 술을 마실 때
11. 식사 시의 기타 요청
12. 식사비 계산하기

Portuguese

1. 물건을 고를 때

주요표현

A : Posso ajudar?
뽀쑤 아주다르

B : Poderia me mostrar este aqui?
뽀데리아 미 모스뜨라르 에스치 아끼

A : 도와드릴까요?

B : 여기 이것 좀 보여주시겠어요?

무엇을 도와드릴까요?

Pois não!

뽀이스 나웅

안내받으셨나요?

Já foi atendido?

자 포이 아뗀지두

그냥 구경하고 있습니다.

Estou só olhando.

이스또우 쏘 올랸두

편히 둘러보세요.

Por favor, fique à vontade.

뽀르 파보르 피끼 아 본따지

저 넥타이를 보여주세요.

Gostaria de ver aquela gravata.

고스따리아 지 베르 아껠라 그라바따

파란색 셔츠와는 무슨 색 넥타이가 어울리나요?

Que cor de gravata combina com a camisa azul?
끼 꼬르 지 그라바따 꼼비나 꽁 아 까미자 아주

연파랑 셔츠는 네이비 넥타이와 어울립니다.

A camisa azul clara combina com a gravata azul marinho.
아 까미자 아주 끌라라 꼼삐나 꽁 아 그라바따 아주 마리뉴

좀 더 튀는 색은요?

E cores mais chamativas?
이 꼬리스 마이스 샤마치바스

여기 분홍색, 빨간색, 버건디색 넥타이도 있습니다.

Aqui temos gravata rosa, vermelha e borgonha.
아끼 떼무스 그라바따 호자 베르멜랴 이 보르고냐

그 셔츠는 100% 면인가요?

Essa camisa é 100% algodão?
에싸 까미자 에 쎙 뽀르쎈뚜 아우고다웅

색을 나타낼 때, claro는 '밝은', escuro는 '어두운'이라는 뜻입니다.
Eu tenho cabelo escuro.
저는 어두운 머리색을 가지고 있습니다.

주요표현

A : Você gostaria de provar o jeans?
보쎄 고스따리아 지 쁘로바르 우 진스

B : Não, obrigado.
나웅 오브리가두

A : 청바지 입어보시겠습니까?

B : 아니요, 괜찮습니다.

청치마를 찾고 있습니다.

Estou procurando uma saia jeans.
에스또우 쁘로꾸란두 우마 싸이아 진스

가장 잘 팔리는 디자인은 어떤 건가요?

Qual é o modelo mais vendido?
꽈우 에 우 모델루 마이스 벤지두

입어봐도 됩니까?

Posso experimentar?
뽀쑤 에스뻬리멘따르

이 흰 셔츠를 입어보고 싶습니다.

Eu quero provar esta camisa branca.
에우 께루 쁘로바르 에스따 까미자 브랑까

사이즈가 어떻게 되세요?

Que tamanho você usa?
끼 따마뉴 보쎄 우자

M 사이즈입니다.

Eu uso tamanho M.

에우 우주 따마뉴 에미

탈의실은 어디인가요?

Onde fica o provador?

온지 피까 우 쁘로바도르

저기 복도 끝에 있어요.

Lá no fim do corredor.

라 누 핑 두 꼬헤도르

잘 맞으셨나요?

Ficou bem?

피꼬우 벵

저한테 너무 큽니다.

Ficou muito grande para mim.

피꼬우 무이뚜 그란지 빠라 밍

옷 사이즈는 pequeno(스몰), médio(미디엄), grande(라지)이며, 앞 글자만 따서 부르기도 합니다.

브라질	PP	P	M	G	GG
미국	XS	S	M	L	XL

3. 가격 흥정하기

주요표현

A : Quanto custa isso?
꽌뚜 꾸스따 이쑤

B : Custa 40 dólares.
꾸스따 꽈렌따 돌라리스

A : 그거 얼마입니까?
B : 40달러입니다.

이 초록색 원피스 가격은 어떻게 되나요?

Qual é o preço deste vestido verde?
꽈우 에 우 쁘레쑤 데스치 베스치두 베르지

저 블라우스들은 얼마인가요?

Quanto custam aquelas blusas?
꽌뚜 꾸스땅 아껠라스 블루자스

이 블라우스는 세일 중입니까?

Esta blusa está em promoção?
에스따 블루자 이스따 엥 쁘로모싸웅

저 티셔츠들은 세일 중입니까?

Aquelas camisetas estão em promoção?
아껠라스 까미제따스 이스따웅 엥 쁘로모싸웅

여름 세일은 이미 끝났습니다.

A promoção de verão já acabou.
아 쁘로모싸웅 지 베라웅 자 아까보우

이 셔츠는 7만 원입니다.

Esta camisa custa 70 mil wons.

에스따 까미자 꾸스따 쎄뗀따 미우 원스

100달러는 헤알로 얼마인가요?

Quanto é 100 dólares em real?

꽌뚜 에 쎙 돌라리스 엥 헤아우

아나, 어떻게 생각해?

O que você acha, Ana?

우 끼 보쎄 아샤 아나

조금 비싼 것 같아요.

Acho que é um pouco caro.

아슈 끼 에 웅 뽀우꾸 까루

합리적인 가격입니다.

O preço é razoável.

우 쁘레쑤 에 하조아베우

isso는 지시대명사 '그것'의 중성형입니다. '이것'은 isto입니다.
다음과 같이 가격을 물을 때 붙여줄 수 있습니다.
Quanto custa isto? 이건 얼마예요?
Quanto é isso? 그건 얼마예요?

주요표현

A : Posso ter um desconto, por favor?
뽀쑤 떼르 웅 지스꼰뚜 뽀르 파보르

B : Sim, podemos lhe dar 5% de desconto.
씽 뽀데무스 리 다르 씽꾸 뽀르쎈뚜 지 지스꼰뚜

A : 할인해 주실 수 있을까요?

B : 네, 5퍼센트 깎아드리겠습니다.

어이구! 너무 비싸네요.

Nossa! É muito caro.
노싸 에 무이뚜 까루

할인 좀 해주세요.

Eu quero um desconto, por favor?
에우 께루 웅 지스꼰뚜 뽀르 파보르

현금으로 내면 할인이 되나요?

Se eu pagar à vista, tem desconto?
씨 에우 빠가르 아 비스따 뗑 지스꼰뚜

아, 그럼 생각해 볼게요.

Ah, então vou pensar.
아 인따웅 보우 뻰싸르

현금으로 계산하실 건가요?

Você vai pagar à vista?
보쎄 바이 빠가르 아 비스따

지금 현금이 없습니다.

Não tenho dinheiro agora.

나웅 떼뉴 지녜이루 아고라

신용카드로 계산하겠습니다.

Vou pagar com cartão de crédito.

보우 빠가르 꽁 까르따웅 지 끄레지뚜

할부하시겠어요?

Você vai parcelar?

보쎄 바이 빠르셀라르

몇 회 할부 가능한가요?

Em quantas vezes posso parcelar?

엥 꽌따스 베지스 뽀쑤 빠르셀라르

6개월 할부 가능합니다.

Podem ser parcelados em seis meses.

뽀뎅 쎄르 빠르셀라두스 엥 쎄이스 메지스

parcelado는 parcelar(분납하다)의 과거분사입니다. 명사 형태는 parcela와 parcelamento로 두 가지를 사용할 수 있습니다.

parcelamento sem juros 무이자 할부

10 parcelas de $100 100불씩 10회 분납

5. 교환, 반품

주요표현

A : Posso ajudá-la?
뽀쑤 아주달 라

B : Gostaria de trocar esta câmera.
고스따리아 지 뜨로까르 에스따 까메라

A : 무엇을 도와드릴까요?

B : 이 카메라를 교환하고 싶습니다.

제 물건을 교환해도 될까요?

Posso trocar meu produto?
뽀쑤 뜨로까르 메우 쁘로두뚜

청바지가 작습니다.

A calça jeans ficou pequena.
아 까우싸 진스 피꼬우 삐께나

사이즈를 바꾸고 싶습니다.

Quero trocar o tamanho.
께루 뜨로까르 우 따마뉴

이 물건을 반품하고 싶습니다.

Quero devolver este produto.
께루 데보우베르 에스치 쁘로두뚜

물건이 불량이어서 반품하겠습니다.

Vou devolver porque o produto tem defeito.
보우 데보우베르 뽀르끼 우 쁘로두뚜 뗑 데페이뚜

속옷을 반품해도 되나요?

Posso devolver roupa íntima?

뽀쑤 데보우베르 호우빠 인띠마

영수증 가져오셨나요?

O senhor trouxe o recibo?

우 쎄뇨르 뜨로우씨 우 헤씨부

영수증 가져오는 것을 잊었습니다.

Esqueci de trazer o recibo.

이스께씨 지 뜨라제르 우 헤씨부

영수증 없이는 교환이 불가능합니다.

Não é possível fazer a troca sem o recibo.

나웅 에 뽀씨베우 파제르 아 뜨로까 쎙 우 헤씨부

인터넷으로 옷을 샀는데 안 맞습니다.

Comprei roupa pela internet e não serviu.

꼼쁘레이 호우빠 뻴라 인떼르네치 이 나웅 쎄르비우

환불은 어떻게 하나요?

Como posso pedir um reembolso?

꼬무 뽀쑤 삐지르 웅 헤엥보우쑤

고객센터로 전화하시기 바랍니다.

Ligue para o Central de Atendimento ao Cliente, por favor.

리기 빠라 우 쎈뜨라우 지 아뗀지멘뚜 아우 끌리엔치 뽀르 파보르

---

6. 음식점 예약

주요표현

A : Boa noite.
보아 노이치

B : Mesa para quantas pessoas?
메자 빠라 꽌따스 뻬쏘아스

A : 안녕하세요.

B : 몇 분이세요?

예약하셨나요?

Você fez uma reserva?
보쎄 페쓰 우마 헤제르바

소피아 이름으로 예약했습니다.

Eu tenho uma reserva em nome de Sofia.
에우 떼뉴 우마 헤제르바 엥 노미 지 쏘피아

세 명 자리 안내 부탁합니다.

Mesa para três, por favor.
메자 빠라 뜨레스 뽀르 파보르

창가 쪽에 앉아도 될까요?

Podemos nos sentar próximos à janela?
뽀데무스 노스 쎈따르 뽀로씨무스 아 자넬라

죄송하지만 저 테이블은 예약석입니다.

Desculpe, mas aquela mesa está reservada.
지스꾸삐 마스 아껠라 메자 에스따 헤제르바다

식당이 만석입니다.

O restaurante está cheio.

우 헤스따우란치 에스따 셰이우

웨이팅 있나요?

Tem fila de espera?

뗑 필라 지 에스뻬라

20분 정도 기다리셔야 합니다.

Vão ter de esperar uns 20 minutos.

바웅 떼르 지 에스뻬라르 웅스 빈치 미누뚜스

식당의 대기실에서 기다리시면 됩니다.

Podem aguardar na área de espera do restaurante.

뽀뎅 아과르다르 나 아레아 지 에스뻬라 두 헤스따우란치

봐! 저기 빈자리 하나 있다.

Olha! Tem uma mesa livre ali.

올랴 뗑 우마 메자 리브리 알리

주요표현

A : Posso ver o cardápio, por favor?
뽀쑤 베르 우 까르다삐우 뽀르 파보르

B : Aqui.
아끼

A : 메뉴판 좀 주세요.

B : 여기 있습니다.

주문하셨나요?

Você já pediu?
보쎄 자 뻬지우

조금 있다가 주문하겠습니다.

Vamos pedir um pouco mais tarde.
바무스 뻬지르 웅 뽀우꾸 마이스 따르지

이니야, 뭐 주문할 거니?

Iny, o que você vai pedir?
이니 우 끼 보쎄 바이 뻬지르

나는 스테이크를 주문할 생각이야.

Acho que vou pedir um bife.
아슈 끼 보우 뻬지르 웅 비피

주문하겠습니다.

Eu gostaria de fazer o pedido, por favor.
에우 고스따리아 지 파제르 우 뻬지두 뽀르 파보르

오늘의 특별 요리는 무엇입니까?

Qual é o prato especial de hoje?

꽈우 에 우 쁘라뚜 에스뻬씨아우 지 오지

어떤 요리를 추천해 주시나요?

O que você recomenda?

우 끼 보쎄 헤꼬멘다

오늘의 특별 요리는 라자냐입니다.

O prato especial de hoje é lasanha.

우 쁘라뚜 에스뻬씨아우 지 오지 에 라자냐

소고기 스트로고노프 하나 주세요.

Eu gostaria de pedir um estrogonofe de carne.

에우 고스따리아 지 뻬지르 웅 에스뜨로고노피 지 까르니

저는 감자를 곁들인 로스트 치킨 하나 주세요.

Eu vou querer um frango assado com batatas.

에우 보우 께레르 웅 프랑구 아싸두 꽁 바따따스

고기는 carne라고 하며, 고기 종류는 carne de frango(닭고기), carne de porco(돼지고기), carne bovina(소고기) 등이 있습니다.

8. 음식 주문하기 2

주요표현

A : Boa tarde, o que deseja?
보아 따르지 우 끼 데쎄자

B : Um Big Mac, por favor.
웅 비기 매끼 뽀르 파보르

A : 안녕하세요, 무엇을 드릴까요?

B : 빅맥 하나 주세요.

다음 분요.

Próximo, por favor.
쁘로씨무 뽀르 파보르

치즈버거와 콜라 하나 부탁합니다.

Um cheeseburger e uma coca-cola, por favor.
웅 시스부르게르 이 우마 꼬까 꼴라 뽀르 파보르

감자튀김 큰 사이즈로 주세요.

Batata frita grande, por favor.
바따따 프리따 그란지 뽀르 파보르

여기서 드실 건가요, 가져가실 건가요?

Para comer aqui, ou para levar?
빠라 꼬메르 아끼 오우 빠라 레바르

포장해 주세요.

Para levar.
빠라 레바르

밀크쉐이크 한 잔 테이크아웃 해주세요.

Um milkshake para viagem, por favor.

웅 미우끼셰이끼 빠라 비아젱 뽀르 파보르

수박 주스 한 잔 여기서 마시고 가겠습니다.

Um suco de melancia para beber aqui, por favor.

웅 쑤꾸 지 멜란씨아 빠라 베베르 아끼 뽀르 파보르

탄산수 있나요?

Tem água com gás?

뗑 아구아 꽁 가이스

딸기 아이스크림콘 세 개 주세요.

Três casquinhas de morango, por favor.

뜨레이스 까스끼냐스 지 모랑구 뽀르 파보르

더 필요하신 것 있으세요?

Mais alguma coisa?

마이스 아우구마 꼬이자

9. 맛에 대한 표현

주요표현

A : Gostou da comida?
고스또우 다 꼬미다

B : Sim, foi muito boa.
씽 포이 무이뚜 보아

A : 맛있게 드셨습니까?

B : 예, 아주 맛있었습니다.

음식 괜찮아요?

A comida está boa?

아 꼬미다 이스따 보아

너무 맵습니다.

Está muito apimentada.

이스따 무이뚜 아삐멘따다

치킨 소스가 너무 짭니다.

O molho do frango está muito salgado.

우 몰류 두 프랑구 이스따 무이뚜 싸우가두

수프가 너무 뜨거워요.

A sopa está muito quente.

아 쏘빠 이스따 무이뚜 껜치

맛이 아주 좋습니다.

É muito saboroso.

에 무이뚜 싸보로주

더 드실래요?

Quer comer mais?

께르 꼬메르 마이스

전 벌써 배부릅니다.

Já estou satisfeita.

자 이스또우 싸치스페이따

음식이 아주 맛있었습니다.

A comida estava muito gostosa.

아 꼬미다 이스따바 무이뚜 고스또자

고기가 너무 질겼습니다.

A carne estava muito dura.

아 까르니 이스따바 무이뚜 두라

모든 요리가 아주 훌륭했습니다.

Todos os pratos estavam maravilhosos.

또두스 우스 쁘라뚜스 에스따방 마라빌료주스

음식이 별로였습니다.

Não gostei da comida.

나웅 고스떼이 다 꼬미다

서비스도 음식도 별로였습니다.

Não gostei do atendimento nem da comida.

나웅 고스떼이 두 아뗀지멘뚜 넹 다 꼬미다

주요표현

A : Sean está bêbado.
션 에스따 베바두

B : Ele bebeu muito rápido.
엘리 베베우 무이뚜 하삐두

A : 션은 취했어요.

B : 그는 너무 빨리 마셨어요.

술 한 잔씩 더 드릴까요?

Querem outra rodada?
께링 오우뜨라 호다다

네, 주세요.

Sim, por favor.
씽 뽀르 파보르

건배! 우리의 우정을 위하여!

Saúde! Um brinde à nossa amizade!
싸우지 웅 브린지 아 노싸 아미싸지

나는 더 이상 못 마시겠어요.

Eu não posso beber mais.
에우 나웅 뽀쑤 베베르 마이스

은희는 굉장히 취했어요.

Eun-hee está muito bêbada.
은희 에스따 무이뚜 베바다

그녀는 소주 두 병을 마셨습니다.

Ela bebeu duas garrafas de soju.
엘라 베베우 두아스 가하파스 지 쏘주

나는 너무 많이 마셨어요.

Eu bebi demais.
에우 베비 지마이스

이제 술이 깼어요.

Agora estou sóbrio.
아고라 에스또우 쏘브리우

나는 어젯밤 완전히 취했어요.

Fiquei totalmente bêbado ontem à noite.
피께이 또따우멘치 베바두 온뗑 아 노이치

나는 와인을 마시면 다음 날 머리가 아파요.

Quando tomo vinho, fico com dor de cabeça ao
꽌두 또무 비뉴 피꾸 꽁 도르 지 까베싸 아우

dia seguinte.
지아 쎄긴치

rodada는 '회전'을 뜻하는 명사이며, 동사 형태는 rodar(돌다)입니다.
Vamos jogar outra rodada? 한 게임 더 할까?

주요표현

A : O prato ainda não saiu.
우 쁘라뚜 아인다 나웅 싸이우

B : Desculpe. Qual o seu pedido?
지스꾸삐 꽈우 우 쎄우 뻬지두

A : 제가 주문한 게 아직 안 나왔어요.
B : 죄송합니다. 무엇을 주문하셨나요?

죄송하지만 여기 잘못 나온 것 같습니다.

Desculpe, acho que há um erro aqui.
지스꾸삐 아슈 끼 아 웅 에후 아끼

우리는 이 스파게티를 시키지 않았습니다.

Nós não pedimos este macarrão.
노스 나웅 뻬지무스 에스치 마까하웅

실례합니다. 제 음식에 문제가 있습니다.

Com licença, há um problema com a minha comida.
꽁 리쎈싸 아 웅 쁘로블레마 꽁 아 미냐 꼬미다

매니저와 얘기하고 싶습니다.

Gostaria de falar com o gerente, por favor.
고스따리아 지 팔라르 꽁 우 제렌치 뽀르 파보르

생선이 상한 것 같습니다.

Acho que o peixe está estragado.
아슈 끼 우 뻬이시 에스따 이스뜨라가두

이 요리 냄새가 너무 강합니다.

O prato tem cheiro muito forte.
우 쁘라뚜 뗑 세이루 무이뚜 포르치

실례합니다. 여기 포크 하나만 주세요.

Com licença, nós precisamos de um garfo.
꽁 리쎈싸 노스 쁘레씨자무스 지 웅 가르푸

냅킨 좀 가져다 주시겠어요?

Você poderia me trazer um guardanapo, por favor?
보쎄 뽀데리아 미 뜨라제르 웅 과르다나뿌 뽀르 파보르

맥주 하나 더 가져다 주시겠어요?

Você poderia me trazer mais uma cerveja, por favor?
보쎄 뽀데리아 미 뜨라제르 마이스 우마 쎄르베자 뽀르 파보르

싸 주실 수 있을까요?

Pode embalar para viagem, por favor?
뽀지 엥발라르 빠라 비아젱 뽀르 파보르

물론이죠.

Pois não.
뽀이스 나웅

---

12. 식사비 계산하기

주요표현

A : A conta, por favor.
아 꼰따 뽀르 파보르

B : Aqui.
아끼

A : 계산서 주세요.

B : 여기 있습니다.

계산서 좀 가져다 주시겠어요?

Pode me trazer a conta, por favor?
뽀지 미 뜨라제르 아 꼰따 뽀르 파보르

얼마예요?

Quanto deu a conta?
꽌뚜 데우 아 꼰따

100헤알입니다.

Deu 100 reais.
데우 쎙 헤아이스

계산 좀 해주세요.

Eu gostaria de pagar, por favor.
에우 고스따리아 지 빠가르 뽀르 파보르

저희는 각자 계산하겠습니다.

Nós gostaríamos de pagar separadamente.
노스 고스따리아무스 지 빠가르 쎄빠라다멘치

계산서에 오류가 있는 것 같습니다.

Acho que a conta está errada.
아슈 끼 아 꼰따 에스따 에하다

이건 저희가 주문하지 않았습니다.

A gente não pediu isto.
아 젠치 나웅 뻬지우 이스뚜

계산서에 팁 비용이 포함된 건가요?

O valor da gorjeta está incluído na conta?
우 발로르 다 고르제따 에스따 인끌루이두 나 꼰따

핸드폰으로 계산해도 되나요?

Posso fazer o pagamento pelo celular?
뽀쑤 파제르 우 빠가멘뚜 뻴루 쎌루라르

영수증 드릴까요?

Você gostaria do seu recibo?
보쎄 고스따리아 두 쎄우 헤씨부

아니요, 괜찮습니다. 감사합니다.

Não precisa. Obrigada.
나웅 쁘레씨자 오브리가다

여기 사인해 주세요.

Assine aqui, por favor.
아씨니 아끼 뽀르 파보르

관련단어

의류

vestir	베스치르	입다
camisa	까미자	셔츠
jaqueta	자께따	재킷
saia	싸이아	치마
minissaia	미니싸이아	미니스커트
maiô	마이오	수영복
meia	메이아	양말
roupa interior	호우빠 인떼리오르	속옷
cueca	꾸에까	남성용 팬티
calcinha	까우씨냐	여성용 팬티
sutiã	쑤치아	브래지어
luvas	루바스	장갑
pijama	삐자마	잠옷
calça	까우싸	바지
terno	떼르누	양복
suéter	쑤에떼르	스웨터
sapato / calçado	싸빠뚜 / 까우싸두	신발
tênis	떼니쓰	운동화
chapéu	샤뻬우	모자
bolsa	보우싸	가방
casaco	까자꾸	외투
calça jeans	까우싸 진스	청바지
blusa	블루자	블라우스
camiseta	까미제따	티셔츠
gravata	그라바따	넥타이
cinto	씬뚜	허리띠

치수

medida	메지다	치수
peso	뻬주	무게
tamanho	따마뉴	크기, 사이즈
altura	아우뚜라	높이
largura	라르구라	넓이, 폭
comprimento	꼼쁘리멘뚜	길이
espessura	에스뻬쑤라	두께
profundidade	쁘로푼지다지	깊이
distância	지스딴씨아	거리
volume	볼루미	부피
área	아레아	면적
diâmetro	지아메뜨루	지름
metro quadrado	메뜨루 꽈드라두	제곱미터
metro cúbico	메뜨루 꾸비꾸	세제곱미터
centímetro	쎈치메뜨루	센티미터
quilograma	낄로그라마	킬로그램
libra	리브라	파운드
litro	리뜨루	리터

양념

molho	몰류	소스
molho de tomate	몰류 지 또마치	토마토 소스
molho de soja	몰류 지 쏘자	간장
ketchup	께츄삐	케첩
maionese	마이오네지	마요네즈

관련단어

mostarda	모스따르다	머스타드
manteiga	만떼이가	버터
sal	싸우	소금
açúcar	아쑤까르	설탕
pimenta-do-reino	삐멘따 두 헤이누	후추
vinagre	비나그리	식초
azeite de oliva	아제이치 지 올리바	올리브오일
alho	알류	마늘
cebola	쎄볼라	양파
cebolinha	쎄볼리냐	파
salsa	싸우싸	파슬리
pimenta em pó	삐멩따 엥 뽀	고춧가루

음료수

água mineral	아구아 미네라우	미네랄 물
coca-cola	꼬까 꼴라	콜라
fanta	판따	환타
suco	쑤꾸	주스
refrigerante	헤프리제란치	탄산음료
café	까페	커피
chá	샤	차
bebida alcoólica	베비다 아우꼬올리까	술
cerveja	쎄르베자	맥주
vinho tinto	비뉴 친뚜	레드 와인
vinho branco	비뉴 브랑꾸	화이트 와인
vinho espumante	비뉴 에스뿌만치	스파클링 와인
uísque	위스끼	위스키

conhaque	꼬냐끼	꼬냑
chocolate quente	쇼꼴라치 껜치	핫초코
champanhe	샴빠녜	샴페인
coquetel	꼬끼떼우	칵테일

음식

arroz	아호쓰	밥
salada	쌀라다	샐러드
bife	비피	스테이크
massa	마싸	파스타
sopa	쏘빠	수프
carne bovina	까르니 보비나	소고기
carne de porco	까르니 지 뽀르꾸	돼지고기
carne de cordeiro	까르니 지 꼬르데이루	양고기
frango	프랑구	닭고기
frango frito	프랑구 프리뚜	프라이드치킨
peixe	뻬이시	생선
salmão	싸우마웅	연어
camarão	까마라웅	새우
salshicha	사우시샤	소시지
omelete	오멜레치	오믈렛
ovo frito	오부 프리뚜	달걀프라이
ovo cozido	오부 꼬지두	삶은 달걀
sanduíche	싼두이시	샌드위치
hambúrguer	암부르게르	햄버거
cachorro-quente	까쇼후 껜치	핫도그
pizza	삣싸	피자

관련단어

맛

gostoso	고스또주	맛있는
ruim	후잉	맛없는
picante	삐깐치	매운
doce	도씨	단
salgado	싸우가두	짠
amargo	아마르구	쓴
ácido	아씨두	신
destemperado	데스뗌뻬라두	싱거운
quente	껜치	뜨거운
gelado	젤라두	차가운
gorduroso	고르두로주	느끼한
frito	프리뚜	튀긴

8장

교통

1. 길을 물을 때
2. 길을 안내할 때
3. 버스를 이용할 때
4. 택시를 이용할 때
5. 지하철을 이용할 때
6. 열차를 이용할 때
7. 렌터카를 이용할 때
8. 기내에서

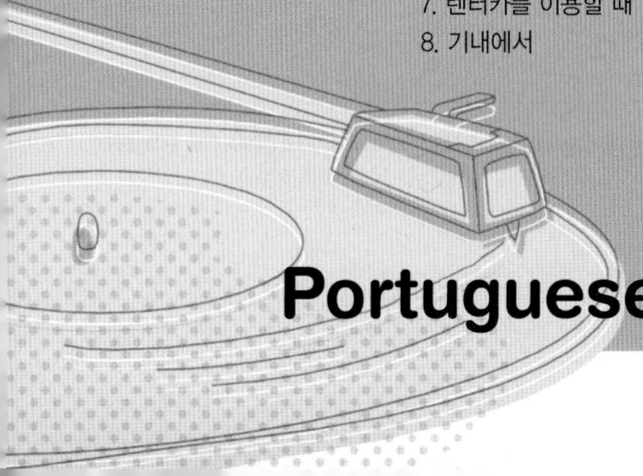

Portuguese

1. 길을 물을 때

주요표현

A : Onde fica a praça Seoul?
온지 피까 아 쁘라싸 쎄우

B : Fica perto da estação City Hall.
피까 뻬르뚜 다 에스따싸웅 씨티 홀

A : 서울광장은 어디에 있어요?

B : 시청역 근처에 있습니다.

미국 대사관은 어디에 있어요?

Onde fica a embaixada dos Estados Unidos?
온지 피까 아 엠바이샤다 두스 에스따두스 우니두스

대사관은 세종대로에 있어요.

A embaixada fica na Avenida Sejong.
아 엠바이샤다 피까 나 아베니다 쎄종

상파울루 미술관은 파울리스타 대로에 있어요.

O MASP fica na Avenida Paulista.
우 마스삐 피까 나 아베니다 빠울리스따

우리 집은 지하철역 근처에 있습니다.

A minha casa fica perto da estação de metrô.
아 미냐 까자 피까 뻬르뚜 다 에스따싸웅 지 메뜨로

루브르 박물관은 어디에 있나요?

Onde fica o Museu do Louvre?
온지 피까 우 무제우 두 루브리

파리에 있습니다.

Fica em Paris.

피까 엥 빠리스

약국은 산토스 길에 있어요.

A farmácia fica na rua Santos.

아 파르마씨아 피까 나 후아 싼뚜스

은행은 빵집 옆에 있습니다.

O banco fica ao lado da padaria.

우 방꾸 피까 아우 라두 다 빠다리아

주유소는 시장 앞에 있습니다.

O posto de gasolina fica em frente ao mercado.

우 뽀스뚜 지 가졸리나 피까 엥 프렌치 아우 메르까두

식당은 과일가게 뒤에 있습니다.

O restaurante fica atrás da loja de frutas.

우 헤스따우란치 피까 아뜨라스 다 로자 지 프루따스

이동하지 않는 건물, 장소 등의 위치를 나타낼 때 ficar 동사와 ser 동사를 사용할 수 있습니다.

Onde é o banheiro? 화장실은 어디예요?

Onde fica o Palácio de Versalhes? 베르사유 궁전은 어디에 있나요?

주요표현

A : Como chego ao parque Samcheong?
꼬무 셰구 아우 빠르끼 삼청

B : Atravesse esta rua.
아뜨라베씨 에스따 후아

A : 삼청공원까지 어떻게 가나요?
B : 이 길을 건너세요.

하나은행은 어떻게 가나요?

Como chego ao banco Hana?
꼬무 셰구 아우 방꾸 하나

오른쪽으로 돌면 코너에 있어요.

Vire à direita, fica na esquina.
비리 아 지레이따 피까 나 에스끼나

이 근처에 카페가 있나요?

Tem algum café perto?
뗑 아우궁 까페 뻬르뚜

다음 코너에서 왼쪽으로 도세요.

Vire à esquerda na próxima esquina.
비리 아 에스께르다 나 쁘로씨마 에스끼나

스타벅스는 바로 저기 있어요.

Starbucks fica logo ali.
스따르벅스 피까 로구 알리

여기서 멉니까?

É longe daqui?

에 론지 다끼

아주 가까워요.

É bem pertinho.

에 벵 뻬르치뉴

편의점에 도착할 때까지 쭉 가세요.

Siga em frente até você chegar à loja de conveniência.

씨가 엥 프렌치 아떼 보쎄 셰가르 아 로자 지 꼰베니엔씨아

쭉 가다가 산타크루스 길에서 오른쪽으로 도세요.

Siga em frente e vire à direita na rua Santa Cruz.

씨가 엥 프렌치 이 비리 아 지레이따 나 후아 싼타 끄루쓰

여기서 2킬로미터 거리예요.

Fica a dois quilômetros daqui.

피까 아 도이스 낄로메뜨로스 다끼

'~블록, km가 떨어져 있다'라고 할 때, 전치사 a와 함께 씁니다.
A livraria fica a um quilômetro daqui.
서점은 여기서 1킬로미터 거리입니다.
Estamos a dez quilômetros do aeroporto.
우리는 공항에서 10km 떨어져 있습니다.

3. 버스를 이용할 때

주요표현

A : Este ônibus vai para o centro?
에스치 오니부스 바이 빠라 우 센뜨루

B : Sim, vai até o mercado municipal.
씽 바이 아떼 우 메르까두 무니씨빠우

A : 이 버스는 시내로 가나요?

B : 네, 중앙시장까지 갑니다.

버스 정류장은 어디에 있습니까?

Onde é a parada de ônibus?
온지 에 아 빠라다 지 오니부스

표를 어디서 사나요?

Onde posso comprar uma passagem?
온지 뽀쑤 꼼쁘라르 우마 빠싸젱

표는 얼마인가요?

Quanto é a passagem?
꽌뚜 에 아 빠싸젱

4달러입니다.

São quatro dólares.
싸웅 꽈뜨루 돌라리스

공항에 가는 버스는 어디서 탑니까?

Onde posso pegar o ônibus para o aeroporto?
온지 뽀쑤 뻬가르 우 오니부스 빠라 우 아에로뽀르뚜

대구로 가는 버스는 몇 시에 출발하나요?

A que horas sai o ônibus para Daegu?
아 끼 오라스 싸이 우 오니부스 빠라 대구

이 버스는 버스 터미널에서 10시에 출발합니다.

Este ônibus sai às 10 horas do terminal rodoviário.
에스치 오니부스 싸이 아스 데쓰 오라스 두 떼르미나우 호도비아리우

버스는 15분마다 출발합니다.

O ônibus sai a cada 15 minutos.
우 오니부스 싸이 아 까다 낀지 미누뚜스

이 버스는 해밀턴 호텔에 정차합니까?

Este ônibus para no Hotel Hamilton?
에스치 오니부스 빠라 누 오떼우 해미우똔

다음 버스는 언제 옵니까?

Quando vai chegar o próximo ônibus?
꽌두 바이 셰가르 우 쁘로씨무 오니부스

버스에 사람이 꽉 찼어요.

O ônibus está lotado.
우 오니부스 에스따 로따두

버스 도착 시간이 어떻게 되나요?

Qual é o horário de chegada do ônibus?
꽈우 에 우 오라리우 지 셰가다 두 오니부스

4. 택시를 이용할 때

주요표현

A : Táxi!
딱씨

B : Boa tarde. Para onde?
보아 따르지 빠라 온지

A : 택시!

B : 안녕하세요. 어디로 가세요?

어디로 가세요?

Para onde vai?
빠라 온지 바이

패러다이스 호텔이요.

Para o Hotel Paradise.
빠라 우 오떼우 파라다이스

모룸비 대로로 가주세요.

Para a Avenida Morumbi, por favor.
빠라 아 아베니다 모룸비 뽀르 파보르

교통상황이 안 좋네요.

O trânsito não está bom.
오 뜨란지뚜 나웅 에스따 봉

비가 올까요?

Será que vai chover?
쎄라 끼 바이 쇼베르

다 왔습니다.

Chegamos, senhor.
셰가무스 쎄뇨르

8천 원입니다.

São 8 mil wons.
싸웅 오이뚜 미우 원스

신용카드로 계산해도 되나요?

Posso pagar com cartão de crédito?
뽀쑤 빠가르 꽁 까르따웅 지 끄레지뚜

여기 있습니다.

Aqui está.
아끼 에스따

잔돈 없으세요?

O senhor não tem trocado?
우 쎄뇨르 나웅 뗑 뜨로까두

거스름돈은 가지세요.

Pode ficar com o troco.
뽀지 피까르 꽁 우 뜨로꾸

여기서 내릴게요.

Vou descer aqui.
보우 데쎄르 아끼

주요표현

A : Qual linha devo pegar para a Embaixada
꽈우 리냐 데부 뻬가르 빠라 아 엠바이샤다
dos Estados Unidos?
두스 에스따두스 우니두스

B : Você deve pegar a linha 5.
보쎄 데비 뻬가르 아 리냐 씽꾸

A : 미국 대사관에 가려면 몇 호선을 타야 합니까?
B : 5호선을 타야 합니다.

지하철역은 어디입니까?

Onde fica a estação de metrô?
온지 피까 아 에스따싸웅 지 메뜨로

매표소는 어디예요?

Onde é a bilheteria?
온지 에 아 빌례떼리아

저 기계에서 티켓을 사면 됩니다.

Você pode comprar os bilhetes naquel máquina.
보쎄 뽀지 꼼쁘라르 우스 빌례치스 나껠라 마끼나

지하철을 타고 봉헤치루까지 어떻게 가나요?

Como chego à Bom Retiro de metrô?
꼬무 셰구 아 봉 헤치루 지 메뜨로

파란색 호선을 타고 치라덴치스역에서 내리기만 하면 됩니다.

É só pegar a linha azul e descer na estação Tiradentes.

에 쏘 뻬가르 아 리냐 아주 이 데쎄르 나 에스따싸웅 치라덴치스

치라덴치스 대로 방면으로 나가세요.

Saia por Av. Tiradentes.

싸이아 뽀르 아베니다 치라덴치스

개찰구에서 왼쪽으로 나가세요.

Saia à esquerda das catracas.

싸이아 아 에스께르다 다스 까뜨라까스

4호선 사당행을 타세요.

Pegue a linha quatro sentido Sadang.

뻬기 아 리냐 꽈뜨루 쎈치두 사당

호선을 바꿔타야 하나요?

Eu devo trocar de linha?

에우 데부 뜨로까르 지 리냐

어디서 내려야 하는지 알려주시겠어요?

Pode me dizer onde descer, por favor?

뽀지 미 지제르 온지 데쎄르 뽀르 파보르

호선을 바꿔타려면 여기서 내리셔야 합니다.

Você deve descer aqui para trocar de linha.

보쎄 데비 데쎄르 아끼 빠라 뜨로까르 지 리냐

주요표현

A : Qual é a melhor maneira para chegar a Busan?
꽈우 에 아 멜료르 마네이라 빠라 셰가르 아 부산

B : Pegue o trem-bala na estação Seul.
뻬기 우 뜨렝 발라 나 에스따싸웅 쎄우

A : 부산에 가는 가장 좋은 방법은 무엇인가요?

B : 서울역에서 고속열차를 타세요.

기차역은 어디입니까?

Onde fica a estação de trem?
온지 피까 아 에스따싸웅 지 뜨렝

부산행 한 장 주세요.

Uma passagem para Busan, por favor.
우마 빠싸젱 빠라 부산 뽀르 파보르

편도 한 장만 주세요.

Só uma ida.
쏘 우마 이다

KTX 시간표 어디서 볼 수 있나요?

Onde posso ver o horário de KTX?
온지 뽀쑤 베르 우 오라리우 지 케이티엑스

일등석 요금은 얼마죠?

Quanto custa uma passagem de primeira classe?
꽌뚜 꾸스따 우마 빠싸젱 지 쁘리메이라 끌라씨

왕복이요?

Passagem de ida e volta?
빠싸젱 지 이다 이 보우따

학생 할인이 되나요?

Tem desconto para estudantes?
뗑 데스꼰뚜 빠라 에스뚜단치스

고령자는 50% 할인됩니다.

Os idosos têm cinquenta por cento de desconto.
우스 이도주스 뗑 씬꾸엥따 뽀르 쎈뚜 지 데스꼰뚜

첫 기차는 몇 시에 있습니까?

A partir de qual horário sai o primeiro trem?
아 빠르치르 지 꽈우 오라리우 싸이 우 쁘리메이루 뜨렝

서울에서 첫차는 6시에 출발합니다.

O primeiro trem sai de Seul às seis da manhã.
우 쁘리메이루 뜨렝 싸이 지 쎄우 아스 쎄이스 다 마냐

막차가 방금 떠났어요.

O último trem acabou de sair.
우 우치무 뜨렝 아까보우 지 싸이르

다음 역은 무슨 역인가요?

Qual é a próxima estação?
꽈우 에 아 쁘로씨마 에스따싸웅

7. 렌터카를 이용할 때

주요표현

A : Gostaria de alugar um carro.
고스따리아 지 알루가르 웅 까후

B : Que tipo de carro você quer?
끼 치뿌 지 까후 보쎄 께르

A : 차를 빌리고 싶습니다.

B : 어떤 차종을 원하십니까?

오토메틱 세단을 렌트하겠습니다.

Quero alugar um sedã automático.
께루 알루가르 웅 쎄다 아우또마치꾸

소형차를 원합니다.

Gostaria de um carro pequeno.
고스따리아 지 웅 까후 뻬께누

중형차를 빌리고 싶습니다.

Quero alugar um carro de tamanho médio.
께루 알루가르 웅 까후 지 따마뉴 메지우

전기차를 빌릴 수 있을까요?

Posso alugar um carro elétrico?
뽀쑤 알루가르 웅 까후 엘레뜨리꾸

하루 렌트비는 얼마입니까?

Qual é o valor da diária?
꽈우 에 우 발로르 다 지아리아

월 렌트비는 얼마입니까?

Quanto custa alugar um carro por mês?
꽌뚜 꾸스따 알루가르 웅 까후 뽀르 메스

자동차 보험이 포함되어 있나요?

Está incluso o seguro do veículo?
에스따 인끌루주 우 쎄구루 두 베이꿀루

차를 공항에서 반납할 수 있나요?

Posso devolver o veículo no aeroporto?
뽀쑤 데보우베르 우 베이꿀루 누 아에로뽀르뚜

운전면허를 보여주세요.

Preciso da sua carteira de habilitação.
쁘레씨주 다 쑤아 까르떼이라 지 아빌리따싸웅

9시에 차를 인도받겠습니다.

Vou retirar o carro às 9 horas.
보우 헤치라르 우 까후 아스 노비 오라스

몇 시까지 반납해야 하죠?

Até que horas preciso devolver o carro?
아떼 끼 오라스 쁘레씨주 데보우베르 우 까후

다른 도시에서 차를 반납해도 되나요?

Posso devolver o carro em outra cidade?
뽀쑤 데보우베르 우 까후 엥 오우뜨라 씨다지

주요표현

A : Onde é o portão 12?
온지 에 우 뽀르따웅 도지

B : É para lá.
에 빠라 라

A : 12번 게이트는 어디인가요?

B : 저쪽입니다.

마지막 탑승 안내입니다.

Última chamada para o embarque.
우치마 샤마다 빠라 우 엠바르끼

좌석벨트를 매주세요.

Por favor, aperte o cinto de segurança.
뽀르 파보르 아뻬르치 우 씬뚜 지 쎄구란싸

핸드폰을 꺼주세요.

Por favor, desligue o seu celular.
뽀르 파보르 데스리기 우 쎄우 쎌루라르

창문을 내려주세요.

Por favor, mantenha a janela fechada.
뽀르 파보르 만떼냐 아 자넬라 페샤다

담요 하나만 더 주시겠어요?

Poderia me trazer mais um cobertor?
뽀데리아 미 뜨라제르 마이스 웅 꼬베르또르

실례지만 자리로 돌아가 주셔야 합니다.

Com licença, senhor, mas precisa voltar para seu
꽁 리쎈싸 쎄뇨르 마스 쁘레씨자 보우따르 빠라 쎄우

assento.
아쎈뚜

콘센트가 있나요?

Tem tomadas?
뗑 또마다스

언제 이과수 공항에 도착합니까?

Quando chegamos ao aeroporto de Iguaçu?
꽌두 셰가무스 아우 아에로뽀르뚜 지 이과쑤

입국신고서를 기재해 주세요.

Por favor, preencha o cartão de entrada de passageiro.
뽀르 파보르 쁘레엔샤 우 까르따웅 지 엔뜨라다 지 빠싸제이루

브라질 상파울루에 오신 것을 환영합니다.

Bem-vindos a São Paulo, Brasil.
벵 빈두스 아 쌍 빠울루 브라지우

여러분 모두 좋은 하루 되시기 바랍니다.

Desejamos a todos um bom dia.
데쎄자무스 아 또두스 웅 봉 지아

관련단어

교통수단

avião	아비아웅	비행기
trem	뜨렝	기차
metrô	메뜨로	지하철
táxi	딱씨	택시
ônibus	오니부스	버스
caminhão	까미냐웅	트럭
ambulância	암불란씨아	구급차
caminhão de bombeiros	까미냐웅 지 봄베이루스	소방차
carro de polícia	까후 지 뽈리씨아	경찰차
carro	까후	차
bicicleta	비씨끌레따	자전거
ônibus escolar	오니부스 에스꼴라르	스쿨버스
motocicleta	모또씨끌레따	오토바이
helicóptero	엘리꼽떼루	헬리콥터
trem-bala	뜨렝 발라	고속열차
navio	나비우	배, 선박
aeroporto	아에로뽀르뚜	공항
foguete	포게치	로켓
ônibus espacial	오니부스 에스빠씨아우	우주왕복선
ônibus circular	오니부스 씨르꿀라르	셔틀버스
ônibus turístico	오니부스 뚜리스치꾸	관광버스
ônibus limusine	오니부스 리무진	리무진버스
carro esportivo	까후 에스뽀르치부	스포츠카
teleférico	뗄레페리꾸	케이블카
porto	뽀르뚜	항구
cais	까이스	선착장

barco	바르꾸	보트
veleiro	벨레이루	돛단배

방향에 관한 표현

esquerda	에스께르다	왼쪽
direita	지레이따	오른쪽
em cima	엥 씨마	위에
embaixo	임바이슈	아래
dentro	덴뜨루	안에
fora	포라	밖에
frente	프렌치	앞에
atrás	아뜨라스	뒤에
norte	노르치	북
sul	쑤	남
este	에스치	동
oeste	오에스치	서
ao lado de	아우 라두 지	~의 옆에
no meio de	누 메이우 지	~의 가운데에
sudeste	쑤데스치	남동
sudoeste	쑤도에스치	남서
nordeste	노르데스치	북동
noroeste	노로에스치	북서
próximo	쁘로씨무	가까이에
entrada	엔뜨라다	입구
saída	싸이다	출구
cruzamento	끄루자멘뚜	교차로
faixa de pedestres	파이샤 지 뻬데스뜨리스	횡단보도

관련단어

pedestre	뻬데스뜨리	보행자
semáforo	쎄마포루	신호등
sinal verde	씨나우 베르지	녹색 신호
sinal amarelo	씨나우 아마렐루	노란 신호
sinal vermelho	씨나우 베르멜류	빨간 신호
Vire à direita.	비리 아 지레이따	우회전하세요.
Vira à esquerda.	비리 아 에스께르다	좌회전하세요.
Vá em direção sul.	바 엥 지레싸웅 쑤	남쪽으로 가세요.
Siga direto.	씨가 지레뚜	곧장 가세요.
Siga este caminho.	씨가 에스치 까미뉴	이 길을 따라 가세요.
Atravesse esta rua.	아뜨라베씨 에스따 후아	이 길을 건너세요.
Faça o retorno.	파싸 우 헤또르누	유턴하세요.

9장 관광

1. 출입국 심사
2. 수하물 찾기
3. 세관에서
4. 방 예약, 방 구하기
5. 체크인 하기
6. 호텔 서비스
7. 각종 문의
8. 체크아웃 하기
9. 관광지에서
10. 사진을 찍을 때

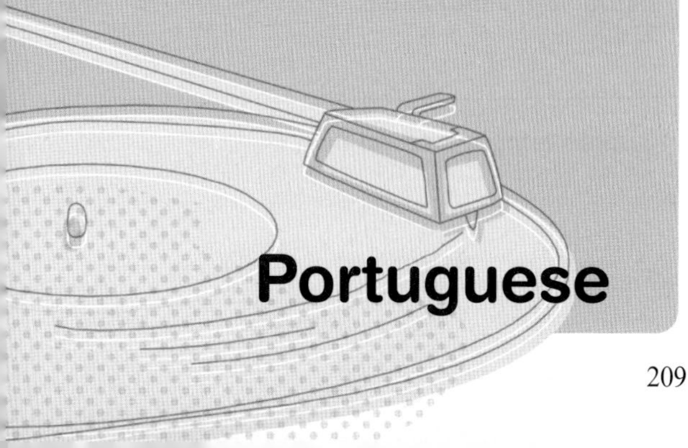

Portuguese

1. 출입국 심사

주요표현

A : Qual é o motivo da sua viagem?
꽈우 에 우 모치부 다 쑤아 비아젱

B : É turismo.
에 뚜리스무

A : 방문 목적이 무엇입니까?

B : 관광입니다.

무슨 일로 오셨습니까?

Por que você está aqui?
뽀르 께 보쎄 에스따 아끼

저는 영어 공부하러 왔습니다.

Estou aqui para estudar inglês.
에스또우 아끼 빠라 에스뚜다르 잉글레이스

비즈니스 때문에 왔습니다.

Estou aqui a negócios.
에스또우 아끼 아 네고씨우스

얼마나 체류하실 건가요?

Quanto tempo você vai ficar?
꽌뚜 뗑뿌 보쎄 바이 피까르

1개월 체류할 겁니다.

Ficarei por um mês.
피까레이 뽀르 웅 메이스

비자가 있습니까?

Você tem visto?

보쎄 뗑 비스뚜

어디서 체류할 겁니까?

Onde você vai ficar?

온지 보쎄 바이 피까르

친구 집에서 지낼 겁니다.

Vou ficar na casa de um amigo.

보우 피까르 나 까자 지 웅 아미구

호텔에서 체류합니다.

Ficarei em um hotel.

피까레이 엥 웅 오떼우

당신의 최종 목적지는 어디입니까?

Qual é o seu destino final?

꽈우 에 우 쎄우 데스치누 피나우

2. 수하물 찾기

주요표현

A : Onde fica a área de coleta de bagagem?
온지 피까 아 아레아 지 꼴레따 지 바가젱

B : Lá na esquerda.
라 나 이스께르다

A : 짐 찾는 곳은 어디에 있나요?

B : 저기 왼쪽이요.

짐 찾는 곳은 1층에 있습니다.

A área de coleta de bagagem fica no primeiro andar.
아 아레아 지 꼴레따 지 바가젱 피까 누 쁘리메이루 안다르

수하물 카트는 어디 있습니까?

Onde eu pego o carrinho de bagagem?
온지 에우 뻬구 우 까히뉴 지 바가젱

이 컨베이어가 KE 747편 짐 찾는 곳입니까?

Esta é a esteira de bagagem do voo KE747?
에스따 에 아 에스떼이라 지 바가젱 두 보우 까에 쎄치 꽈뜨루 쎄치

도와드릴까요?

Precisa de ajuda?
쁘레씨자 지 아주다

제 짐이 분실되었습니다.

A minha bagagem foi extraviada.
아 미냐 바가젱 포이 에스뜨라비아다

짐을 잘못 찾은 것 같아요.

Acho que peguei a mala errada.

아슈 끼 뻬게이 아 말라 에하다

제 짐이 오지 않은 것 같습니다.

Acho que a minha mala não chegou.

아슈 끼 아 미냐 말라 나웅 셰고우

수하물 영수증 있으세요?.

Você tem o comprovante de despacho de bagagem?

보쎄 뗑 우 꽁쁘로반치 지 데스빠슈 지 바가젱

여기 제 수하물 영수증이 있습니다.

Aqui está o meu comprovante de bagagem.

아끼 이스따 우 메우 꽁쁘로반치 지 바가젱

저 파란 가방이 제 것입니다.

Aquela mala azul é minha.

아껠라 말라 아주 에 미냐

제 가방이 손상되었습니다.

A minha mala está danificada.

아 미냐 말라 이스따 다니피까다

어느 비행편입니까?

Qual é o seu número de voo?

꽈우 에 우 쎄우 누메루 지 보우

주요표현

A : Tem algo a declarar?
떵 아우구 아 데끌라라르

B : Não tenho nada a declarar.
나웅 떼뉴 나다 아 데끌라라르

A : 신고할 것이 있습니까?

B : 신고할 것이 없습니다.

세관신고서를 작성해야 합니다.

Você precisa preencher o formulário de alfândega.
보쎄 쁘레씨자 쁘레엔셰르 우 포르물라리우 지 아우판데가

가방을 이 위로 올려주세요.

Coloque as malas aqui, por favor.
꼴로끼 아스 말라스 아끼 뽀르 파보르

가방을 열어주세요.

Abra as suas malas, por favor.
아브라 아스 쑤아스 말라스 뽀르 파보르

이 안에 무엇이 들어 있습니까?

O que tem aqui dentro?
우 끼 뗑 아끼 덴뜨루

옷과 화장품이 들어 있습니다.

Tem roupas e cosméticos.
뗑 호우빠스 이 꼬스메치꾸스

이건 무엇입니까?

O que é isso?
우 끼 에 이쑤

한국 고춧가루입니다.

É pimenta em pó coreana.
에 삐멘따 엥 뽀 꼬리아나

제가 먹는 당뇨약입니다.

São meus medicamentos para diabetes.
싸웅 메우스 메지까멘뚜스 빠라 지아베치스

여권을 보여주시겠어요?

Posso ver o seu passaporte, por favor?
뽀쑤 베르 우 쎄우 빠싸뽀르치 뽀르 파보르

현금을 얼마나 가지고 계신가요?

Quanto dinheiro você está trazendo?
꽌뚜 지녜이루 보쎄 이스따 뜨라젠두

이 물품에 대한 세금을 내야 합니다.

Você tem que pagar imposto sobre esse produto.
보쎄 뗑 끼 빠가르 임뽀스뚜 쏘브리 에씨 쁘로두뚜

파란 줄 뒤에서 기다리세요.

Por favor, aguarde atrás da linha azul.
뽀르 파보르 아과르지 아뜨라스 다 리냐 아주

4. 방 예약, 방 구하기

주요표현

A : Central de reservas, Ambassador Seoul.
쎈뜨라우 지 헤제르바스 엠바싸도르 쎄울

B : Gostaria de fazer uma reserva, por favor.
고스따리아 지 파제르 우마 헤제르바 뽀르 파보르

A : 앰배서더 서울 예약센터입니다.

B : 방을 예약하고 싶습니다.

스위트룸을 예약하고 싶습니다.

Gostaria de reservar um quarto suíte.
고스따리아 지 헤제르바르 웅 꽈르뚜 쑤이치

더블룸 하나를 예약하고 싶습니다.

Eu quero um quarto duplo.
에우 께루 웅 꽈르뚜 두쁠루

며칠로 해드릴까요?

Para que data?
빠라 끼 다따

몇 박 체류하시나요?

Para quantas noites?
빠라 꽌따스 노이치스

3박 4일 머무를 예정입니다.

Vou ficar por 3 noites e 4 dias.
보우 피까르 뽀르 뜨레이스 노이치스 이 꽈뜨루 지아스

숙박 인원은 몇 명인가요?

Quantos hóspedes?
꽌뚜스 오스뻬지스

오션뷰를 원하십니까?

Quer uma vista para o mar?
께르 우마 비스따 빠라 우 마르

주제 소우자 이름으로 예약해 주세요.

Gostaria de reservar em nome de José Souza, por favor.
고스따리아 지 헤제르바르 엥 노미 지 주제 쏘우자 뽀르 파보르

예약을 변경하겠습니다.

Quero alterar a minha reserva.
께루 아우떼라르 아 미냐 헤제르바

예약을 취소할 수 있을까요?

Poderia cancelar a minha reserva?
뽀데리아 깐셀라르 아 미냐 헤제르바

방이 다 찼습니다.

Não temos nenhum quarto disponível.
나웅 떼무스 네늄 꽈르뚜 지스뽀니베우

주요표현

A : Qual é o valor da diária?
꽈우 에 우 발로르 다 지아리아

B : O valor do quarto individual é de 80 dólares.
우 발로르 두 꽈르뚜 인지비두아우 에 지 오이뗀따 돌라리스

A : 1박에 얼마입니까?

B : 1인실 금액은 80달러입니다.

예약하셨습니까?

O senhor tem reserva?
우 쎄뇨르 뗑 헤제르바

네. 지금 체크인 할 수 있습니까?

Sim. Poderia fazer o check-in agora?
씽 뽀데리아 파제르 우 체크인 아고라

스위트룸은 얼마입니까?

Quanto custa uma suíte?
꽌뚜 꾸스따 우마 쑤이치

조식이 포함되어 있습니까?

O cafe da manhã está incluído?
우 까페 다 마냐 이스따 인끌루이두

이 서식을 채워주세요.

Preciso que você preencha isto, por favor.
쁘레씨주 끼 보쎄 쁘레엔샤 이스뚜 뽀르 파보르

방 번호는 601입니다.

O número do seu quarto é 601.
우 누메루 두 쎄우 꽈르뚜 에 쎄이센뚜스 이 웅

여기 방키입니다.

Aqui está a sua chave.
아끼 에스따 아 쑤아 샤비

식당은 몇 층인가요?

Em que andar fica o restaurante?
엥 끼 안다르 피까 우 헤스따우란치

인터넷이 되나요?

Há internet disponível?
아 인떼르네치 지스뽀니베우

호텔 내 헬스장이 있나요?

Tem academia no hotel?
뗑 아까데미아 누 오떼우

헬스장은 10층에 있으며 매일 열려 있습니다.

A academia se encontra no 10º andar e está aberta
아 아까데미아 씨 엔꽁뜨라 누 데씨무 안다르 이 이스따 아베르따

todos os dias.
또두스 우스 지아스

주요표현

A : Serviço de quarto.
쎄르비쑤 지 꽈르뚜

B : Poderia pedir o café da manhã no quarto?
뽀데리아 뻬지르 우 까페 다 마냐 누 꽈르뚜

A : 룸서비스입니다.

B : 아침 식사를 방에 가져다 줄 수 있습니까?

햄버거 하나와 콜라 하나 주문하겠습니다.

Eu vou querer um hambúrguer e uma coca-cola, por favor.
에우 보우 께레르 웅 암부르게르 이 우마 꼬까 꼴라 뽀르 파보르

얼마나 걸릴까요?

Quanto tempo vai demorar?
꽌뚜 뗑뿌 바이 데모라르

조식 시간은 어떻게 되나요?

Qual o horário do café da manhã?
꽈우 우 오라리우 두 까페 다 마냐

식당은 어디인가요?

Onde é o restaurante?
온지 에 우 헤스따우란치

호텔 내 세탁 서비스가 있나요?

O hotel dispõe de um serviço de lavanderia?
우 오떼우 지스뽀잉 지 웅 쎄르비쑤 지 라반데리아

방이 너무 지저분합니다.

O quarto está muito sujo.

우 꽈르뚜 에스따 무이뚜 쑤주

방을 바꾸고 싶습니다.

Eu gostaria de trocar de quarto, por favor.

에우 고스따리아 지 뜨로까르 지 꽈르뚜 뽀르 파보르

수건을 바꾸고 싶습니다.

Gostaria de trocar as toalhas, por favor.

고스따리아 지 뜨로까르 아스 또알랴스 뽀르 파보르

뜨거운 물이 나오지 않습니다.

Não tem água quente.

나웅 뗑 아구아 껜치

화장실에 휴지가 없습니다.

Não tem papel higiênico no banheiro.

나웅 뗑 빠뻬우 이지에니꾸 누 바녜이루

dispõe는 dispor(배치하다)의 3인칭 단수 현재형입니다. 전치사 de와 함께 사용하여 '~갖추다'의 의미로 쓰입니다.

Gostaria de saber se o hotel dispõe de estacionamento.

호텔에 주차장이 있는지 알고 싶습니다.

7. 각종 문의

주요표현

A : Tem cofre no quarto?
떵 꼬프리 누 꽈르뚜

B : Sim, todos os quartos possuem cofre.
씽 또두스 우스 꽈르뚜스 뽀쑤잉 꼬프리

A : 방에 금고가 있습니까?

B : 네, 모든 방에 금고가 있습니다.

귀중품은 어디에 보관할 수 있나요?

Onde posso guardar meus objetos de valor?
온지 뽀쑤 과르다르 메우스 오브제뚜스 지 발로르

모든 룸에는 전자금고가 있습니다.

Todos os quartos possuem um cofre eletrônico.
또두스 우스 꽈르뚜스 뽀쑤잉 웅 꼬프리 엘레뜨로니꾸

추가금이 있나요?

Tem custo extra?
뗑 꾸스뚜 에스뜨라

추가금액은 없습니다.

Não há custo adicional.
나웅 아 꾸스뚜 아지씨오나우

호텔에 바가 있나요?

O Hotel dispõe de um bar?
우 오떼우 지스뽀잉 지 웅 바르

저희 호텔 바에서는 라이브 재즈 공연을 합니다.

O bar do nosso hotel tem shows de jazz ao vivo.
우 바르 두 노쑤 오떼우 뗑 쇼우스 지 제스 아우 비부

베이비시터 서비스가 있나요?

Há um serviço de baby sitter?
아 웅 쎄르비쑤 지 베이비 씨떼르

애완동물과 투숙할 수 있나요?

São aceitos animais de estimação?
싸웅 아쎄이뚜스 아니마이스 지 에스치마싸웅

작은 애완동물 반입은 허용됩니다.

O hotel aceita animais de estimação de pequeno
우 오떼우 아쎄이따 아니마이스 지 에스치마싸웅 지 뻬께누

porte.
뽀르치

호텔 내 애완동물 반입은 금지됩니다.

É proibida a entrada de animais de estimação
에 쁘로이비다 아 엔뜨라다 지 아니마이스 지 에스치마싸웅

no hotel.
누 오떼우

---

8. 체크아웃 하기

주요표현

A : Eu gostaria de fazer o check-out.
에우 고스따리아 지 파제르 우 셱 아우치

B : Preciso da sua chave, por favor.
쁘레씨주 다 쑤아 샤비 뽀르 파보르

A : 체크아웃 하겠습니다.

B : 객실 키를 부탁합니다.

체크아웃은 몇 시까지 해야 되나요?

Até que horas posso fazer o check-out?
아떼 끼 오라스 뽀쑤 파제르 우 셱 아우치

퇴실은 정오입니다.

A saída é ao meio-dia.
아 싸이다 에 아우 메이우 지아

미니바를 이용하셨나요?

Consumiu alguma coisa do frigobar?
꼰쑤미우 아우구마 꼬이자 두 프리고바르

신용카드를 받으세요?

Você aceita cartões de crédito?
보쎄 아쎄이따 까르또잉스 지 끄레지뚜

모든 종류의 카드를 받습니다.

Aceitamos qualquer tipo de cartão.
아쎄이따무스 꽈우께르 치뿌 지 까르따웅

여기 서명해 주세요.

Assine aqui, por favor.
아씨니 아끼 뽀르 파보르

현금으로 계산하겠습니다.

Gostaria de pagar à vista.
고스따리아 지 빠가르 아 비스따

세금이 포함되어 있습니다.

O imposto está incluso.
우 임뽀스뚜 에스따 인끌루주

체류를 하루 더 연장하겠습니다.

Gostaria de ficar mais uma noite.
고스따리아 지 피까르 마이스 우마 노이치

프런트에 제 짐을 맡겨도 되겠습니까?

Posso deixar a minha bagagem na recepção?
뽀쑤 데이샤르 아 미냐 바가젱 나 헤셉싸웅

주요표현

A : Quais são os principais pontos turísticos daqui?
꽈이스 싸웅 우스 쁘린씨빠이스 뽄뚜스 뚜리스치꾸스 다끼

B : O Museu Municipal é muito famoso.
우 무제우 무니씨빠우 에 무이뚜 파모주

A : 여기는 어떤 관광명소들이 있나요?

B : 시립박물관이 아주 유명합니다.

남산타워가 어디에 있나요?

Onde fica a Namsan Tower?
온지 피까 아 남싼 따워

관광안내소가 어디에 있나요?

Onde fica o centro de informações turísticas?
온지 피까 우 쎈뜨루 지 인포르마쏘잉스 뚜리스치까스

어떤 관광명소를 추천하십니까?

Quais atrações turísticas você recomenda?
꽈이스 아뜨라쏘잉스 뚜리스치까스 보쎄 헤꼬멘다

제일 유명한 식당은 어디입니까?

Qual o restaurante mais famoso?
꽈우 우 헤스따우란치 마이스 파모주

전자기기는 어디서 살 수 있나요?

Onde posso comprar aparelhos eletrônicos?
온지 뽀쑤 꽁쁘라르 아빠렐류스 엘레뜨로니꾸스

주요 궁을 투어하고 싶습니다.

Quero fazer um passeio pelos principais palácios.
께루 파제르 웅 빠쎄이우 뻴루스 쁘린시빠이스 빨라씨우스

브라질 예수상을 방문하고 싶습니다.

Quero visitar o Cristo Redentor.
께루 비지따르 우 끄리스뚜 헤덴또르

브라질 예수상 입장료는 얼마입니까?

Quando custa o ingresso do Cristo Redentor?
꽌뚜 꾸스따 우 잉그레쑤 두 끄리스뚜 헤덴또르

남이섬 투어 비용은 얼마인가요?

Quanto custa o passeio pela ilha Nami?
꽌뚜 꾸스따 우 빠쎄이우 뻴라 일랴 나미

식사도 포함되나요?

As refeições estão incluídas?
아스 헤페이쏘잉스 이스따웅 인끌루이다스

1인당 얼마입니까?

Quanto custa por pessoa?
꽌뚜 꾸스따 뽀르 뻬쏘아

이곳에서 제일 인기 있는 식당은 어디입니까?

Qual é o restaurante mais popular daqui?
꽈우 에 우 헤스따우란치 마이스 뽀뿔라르 다끼

10. 사진을 찍을 때

주요표현

A : Você pode tirar uma foto, por favor?
보쎄 뽀지 치라르 우마 포뚜 뽀르 파보르

B : Claro. Diga 'kimchi'.
끌라루 지가 김치

A : 사진 좀 찍어주시겠습니까?

B : 그럼요. '김치' 하세요.

같이 사진 찍어요.

Vamos tirar uma foto juntos.
바무스 치라르 우마 포뚜 준뚜스

당신의 사진을 찍어도 되겠습니까?

Posso tirar uma foto sua?
뽀쑤 치라르 우마 포뚜 쑤아

당신과 함께 사진을 찍어도 되겠습니까?

Posso tirar uma foto com você?
뽀쑤 치라르 우마 포뚜 꽁 보쎄

그 버튼을 누르기만 하면 됩니다.

É só apertar esse botão.
에 쏘 아뻬르따르 에씨 보따웅

너의 영상을 찍고 있어. 웃어!

Estou te filmando. Sorria!
에스또우 치 피우만두 쏘히아

제 핸드폰으로 사진 좀 찍어주시겠어요?

Você pode tirar uma foto com o meu celular, por favor?
보쎄 뽀지 치라르 우마 포뚜 꽁 우 메우 쎌루라르 뽀르 파보르

모두 여기를 보세요!

Olhem todos aqui!
올렝 또두스 아끼

우리 셀카를 찍어도 될까요?

Podemos tirar uma selfie?
뽀데무스 치라르 우마 세우피

사인 좀 해주실 수 있을까요?

Você pode me dar seu autógrafo?
보쎄 뽀지 미 다르 쎄우 아우또그라푸

그 사진을 제발 지워줘!

Apague essa foto, por favor.
아빠기 에싸 포뚜 뽀르 파보르

까다롭게 굴지 마!

Não seja chato!
나웅 쎄자 샤뚜

관련단어

비행기

capitão	까삐따웅	기장
piloto	삘로뚜	조종사
co-piloto	꼬삘로뚜	부조종사
tripulante	뜨리뿔란치	승무원
fone de ouvido	포니 지 오우비두	이어폰
fone sem fio	포니 쎙 피우	무선 이어폰
microfone	미끄로포니	마이크
alto-falante	아우뚜 팔란치	스피커
tomada	또마다	콘센트
respirador	헤스삐라도르	산소호흡기
colete salva-vidas	꼴레치 싸우바 비다스	구명조끼
saída de emergência	싸이다 지 에메르젠씨아	비상출구
ocupado	오꾸빠두	사용 중 (*화장실)
livre	리브리	비어 있는
botão de chamada	보따웅 지 샤마다	호출 버튼
proibido fumar	쁘로이비두 푸마르	금연
cinto de segurança	씬뚜 지 쎄구란싸	좌석 벨트

공항 내 주요 안내 표시

aeroporto	아에로뽀르뚜	공항
balcão de informações	발까웅 지 인포르마쏘잉스	안내소
partida	빠르치다	출발(편)
chegada	세가다	도착(편)

trânsito	뜨란지뚜	환승
área de trânsito	아레아 지 뜨란지뚜	환승 구역
portão de embarque	뽀르따웅 지 엠바르끼	탑승구
área restrita	아레아 헤스뜨리따	제한 구역
estrangeiro	에스뜨란제이루	외국인
visitante	비지딴치	방문자
turista	뚜리스따	관광객
passageiro	빠싸제이루	승객
controle migratório	꼰뜨롤리 미그라또리우	출입국관리
alfândega	아우판데가	세관
quarentena	꽈렌떼나	격리
segurança	쎄구란싸	보안
medição de temperatura	메지싸웅 지 뗌뻬라뚜라	온도 체크
coleta de bagagem	꼴레따 지 바가젱	수하물 찾는 곳
esteira	에스떼이라	컨베이어
Perdidos e Achados	뻬르지두스 이 아샤두스	분실물센터
sala de espera	쌀라 지 에스뻬라	대기실
banco	방꾸	은행
câmbio de moedas	깜비우 지 모에다스	환전
lojas duty free	로자스 듀티 프리	면세점
aluguel de carros	알루게우 지 까후스	렌터카
ponto de táxi	뽄뚜 지 딱씨	택시 승강장
parada de ônibus	빠라다 지 오니부스	버스 정류장

호텔

recepção do hotel	헤셉싸웅 두 오떼우	호텔 리셉션

관련단어

recepcionista	헤셉씨오니스따	호텔 리셉션 직원
gerente do hotel	제렌치 두 오떼우	호텔 매니저
quarto	꽈르뚜	객실
suíte	쑤이치	스위트룸
quarto familiar	꽈르뚜 파밀리아르	가족실
cama individual	까마 인지비두아우	1인용 침대
cama de casal	까마 지 까자우	2인용 침대
sala de reunião	쌀라 지 헤우니아웅	회의실
camareira	까마레이라	객실담당 여종업원
porteiro	뽀르떼이루	벨보이
garçom	가르쏭	웨이터
garçonete	가르쏘네치	여성 웨이터
bagagem	바가젱	짐
gorjeta	고르제따	팁
serviço de despertador	쎄르비쑤 지 지스뻬르따도르	모닝콜 서비스
café da manhã	까페 다 마냐	아침 식사

위급상황 10장

1. 도둑맞았을 때
2. 물건을 잃어버렸을 때
3. 사고를 당했을 때

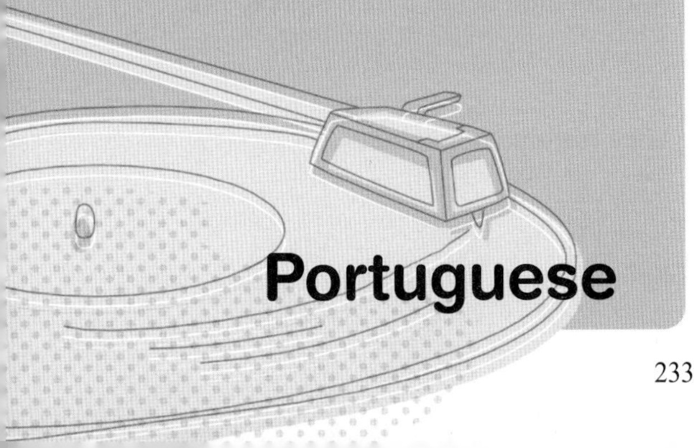

1. 도둑맞았을 때

주요표현

A : O que acontece?
우 끼 아꼰떼씨

B : A minha carteira foi roubada.
아 미냐 까르떼이라 포이 호우바다

A : 무슨 일인가요?

B : 지갑을 도난당했어요.

핸드폰을 도둑맞았어요.

Meu celular foi roubado.
메우 셀루라르 포이 호우바두

신용카드를 잃어버렸습니다.

Eu perdi o meu cartão de crédito.
에우 뻬르지 우 메우 까르따웅 지 끄레지뚜

내 여권이 안 보여요.

Não consigo achar o meu passaporte.
나웅 꼰씨구 아샤르 우 메우 빠싸뽀르치

신고했어요?

Você fez uma denúncia?
보쎄 페쓰 우마 데눈씨아

우리는 경찰서로 갔습니다.

Fomos para a delegacia de polícia.
포무스 빠라 아 델레가씨아 지 뽈리씨아

그는 살인죄로 기소되었습니다.

Ele foi denunciado por homicídio.
엘리 포이 데눈씨아두 뽀르 오미씨지우

나는 브라질에서 강도를 당했습니다.

Eu fui assaltada no Brasil.
에우 푸이 아싸우따다 누 브라지우

그녀는 길에서 공격을 당했습니다.

Ela foi atacada na rua.
엘라 포이 아따까다 나 후아

언제 어디서 발생했습니까?

Quando e onde ocorreu?
꽌두 이 온지 오꼬헤우

좀전에 지하철역에서요.

Há pouco na estação de metrô.
아 뽀우꾸 나 에스따싸웅 지 메뜨로

2. 물건을 잃어버렸을 때

주요표현

A : Eu perdi a minha bolsa.
에우 뻬르지 아 미냐 보우싸

B : Denuncie o ítem perdido na polícia.
데눈씨이 우 이뗑 뻬르지두 나 뽈리씨아

A : 제 가방을 잃어버렸습니다.

B : 경찰에 분실 신고를 하세요.

가디건을 잃어버렸어요.

Eu perdi meu cardigã.
에우 뻬르지 메우 까르지가

핸드폰을 택시에서 잃어버린 것 같아요.

Acho que perdi meu celular no táxi.
아슈 끼 뻬르지 메우 쎌루라르 누 딱씨

지하철에서 지갑을 잃어버렸습니다.

Perdi minha carteira no metrô.
뻬르지 미냐 까르떼이라 누 메뜨로

어떻게 하죠?

O que devo fazer?
우 끼 데부 파제르

차 키를 어디에 뒀어요?

Onde você deixou a chave do carro?
온지 보쎄 데이쇼우 아 샤비 두 까후

분실물센터에 신고하실 수 있습니다.

Você pode denunciar no escritório de Achados
보쎄 뽀지 데눈씨아르 누 에스끄리또리우 지 아샤두스

e Perdidos.
이 뻬르지두스

제 동생이 여권을 분실했습니다.

Meu irmão perdeu o passaporte dele.
메우 이르마웅 뻬르데우 우 빠싸뽀르치 델리

그는 한국 영사관으로 가야 합니다.

Ele deverá ir para o Consulado da Coreia do Sul.
엘리 데베라 이르 빠라 우 꼰쑬라두 다 꼬레이아 두 쑤

분실한 물품이 무엇입니까?

Qual é o objeto perdido?
꽈우 에 우 오브제뚜 뻬르지두

찾으면 바로 연락 부탁드립니다.

Por favor, me ligue assim que achar.
뽀르 파보르 미 리기 아씽 끼 아샤르

차에서 찾아봤어요?

Você já procurou no seu carro?
보쎄 자 쁘로꾸로우 누 쎄우 까후

3. 사고를 당했을 때

주요표현

A : Eu sofri um acidente de carro.
에우 쏘프리 웅 아씨덴치 지 까후

B : Meu deus! Você está bem?
메우 데우스 보쎄 이스따 벵

A : 나 자동차 사고가 났어.
B : 어머나! 너 괜찮니?

제 남편이 교통사고를 당했어요.

Meu marido sofreu um acidente de carro.

메우 마리두 쏘프레우 웅 아씨덴치 지 까후

나는 다쳤습니다.

Estou ferida.

이스또우 페리다

제가 차에 치였습니다.

Fui atropelada por um carro.

푸이 아뜨로뻴라다 뽀르 웅 까후

구급차 좀 불러주세요.

Chame uma ambulância, por favor.

샤미 우마 암불란씨아 뽀르 파보르

경찰에 전화해 주세요.

Ligue à polícia, por favor.

리기 아 뽈리씨아 뽀르 파보르

보험회사에 전화했습니까?

Você ligou para a empresa de seguros?

보세 리고우 빠라 아 임쁘레자 지 쎄구루스

그는 신호를 무시했습니다.

Ele ignorou a sinalização de trânsito.

엘리 이그노로우 아 씨날리자싸웅 지 뜨란지뚜

운전수가 급브레이크를 밟았습니다.

O motorista freou bruscamente.

우 모또리스따 프레오우 브루스까멘치

운전수가 과속했습니다.

O motorista acelerou demais.

우 모또리스따 아쎌레로우 지마이스

제 잘못이 아닙니다.

A culpa não é minha.

아 꾸빠 나웅 에 미냐

숨을 깊게 쉬세요.

Respire fundo.

헤스삐리 푼두

아무도 다치지 않았습니다.

Ninguém está ferido.

닌겡 이스따 페리두

관련단어

분실, 도난, 사고

acidente	아씨덴치	사고
acidente de trânsito	아씨덴치 지 뜨란지뚜	교통사고
ladrão	라드라웅	도둑
assaltante	아싸우딴치	강도
polícia	뽈리씨아	경찰
roubar	호우바르	훔치다
sequestrar	쎄꾸에스뜨라르	유괴하다
ameaçar	아메아싸르	협박하다
fugir	푸지르	도망가다
mentir	민치르	거짓말하다
denunciar	데눈씨아르	신고하다
objetos perdidos	오브제뚜스 뻬르지두스	분실물
carteira de identificação	까르떼이라 지 이덴치피까싸웅	신분증
passaporte	빠싸뽀르치	여권
certificado	쎄르치피까두	증명서
cartão de crédito	까르따웅 지 끄레지뚜	신용카드
cheque	셰끼	수표
dinheiro	지녜이루	현금
jóias	조이아스	귀금속
roubo	호우부	도난
ambulância	암불란씨아	구급차
mochila	모실라	배낭
carteira	까르떼이라	지갑
Embaixada	엠바이샤다	대사관
Consulado	꼰쑬라두	영사관

부록

▶초심자를 위한 포르투갈어 막사용 설명서

▶그림 단어

1. 객실
2. 화장실
3. 컴퓨터
4. 문구류
5. 가전제품
6. 주방
7. 승용차
8. 인체
9. 과일
10. 야채
11. 동물

초심자를 위한 포르투갈어 막사용 설명서

브라질이나 포르투갈에 가서 포르투갈어를 못해도 최소한 다음 몇 마디만 알면 도움이 될 것입니다.

- **Oi!** 안녕하세요!
  오이
- **Sim.** 예.
  씽
- **Não.** 아니요.
  나웅
- **Me ajude!** 도와주세요!
  미 아주지
- **Desculpe.** 미안합니다.
  지스꾸삐
- **Com licença.** 실례합니다.
  꽁 리쎈싸
- **Onde fica o banheiro?** 화장실은 어디에 있습니까?
  온지 피까 우 바녜이루
- **Quanto custa?** 얼마입니까?
  꽌뚜 꾸스따

■ **Obrigado.** 감사합니다.
오브리가두

■ **De nada.** 천만에요.
지 나다

■ **Estou bem.** 전 괜찮습니다.
에스또우 벵

■ **Não se preocupe.** 걱정하지 마세요.
나웅 씨 쁘레오꾸삐

■ **Poderia repetir, por favor?**
뽀데리아 헤뻬치르 뽀르 파보르
다시 한번 말씀해 주실래요?

■ **Até mais.** 나중에 봬요.
아떼 마이스

■ **Tchau!** 안녕히 계세요!
차우

그림 단어

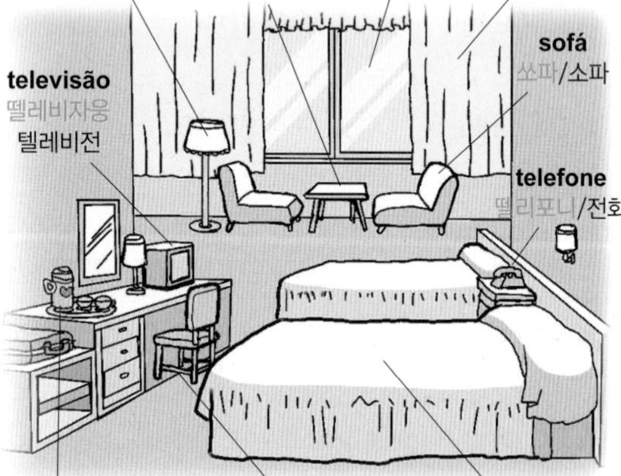

- **guarda-roupa** 과르다 호우빠/옷장
- **tomada** 또마다/콘센트
- **lâmpada** 람빠다/전등
- **cobertor** 꼬베르또르/이불
- **travesseiro** 뜨라베쎄이루/베개
- **cinzeiro** 씬제이루/재떨이

2. 화장실

- **escova de dentes** 에스꼬바 지 덴치스/칫솔
- **secador de cabelo** 쎄까도르 지 까벨루/드라이기
- **sabonete** 싸보네치/비누
- **shampoo** 샴뿌/샴푸
- **condicionador de cabelo** 꼰지씨오나도르 지 까벨루/린스
- **pente** 뻰치/빗
- **loção** 로싸웅/로션

3. 컴퓨터

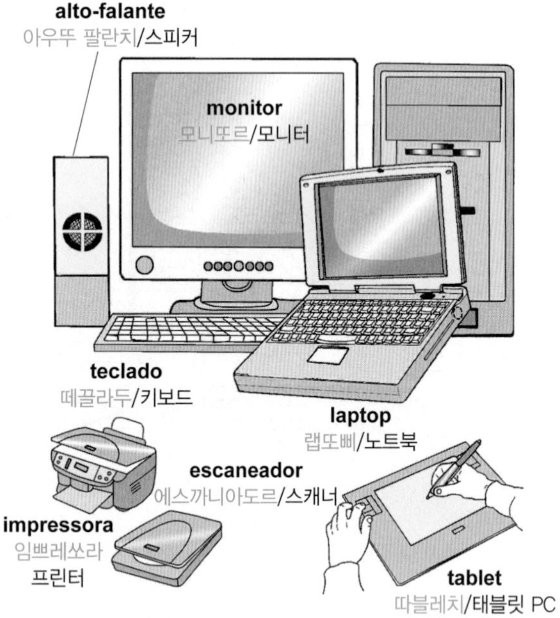

- **teclado sem fio** 떼끌라두 쎙 피우/무선 키보드
- **computador desktop** 꼼뿌따도르 데스크또삐/데스크탑
- **mouse** 마우씨/마우스
- **mouse sem fio** 마우씨 쎙 피우/무선 마우스
- **wi-fi** 와이파이/와이파이
- **cd** 쎄데/CD
- **fone de ouvido** 포니 지 오우비두/이어폰
- **livro eletrônico** 리브루 엘레뜨로니꾸/전자책

4. 문구류

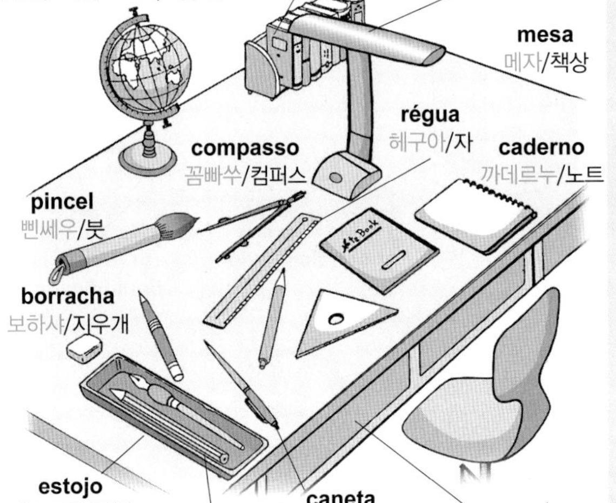

- **envelope** 엔벨로삐/봉투
- **fita adesiva** 피따 아데지바/테이프
- **caderno** 까데르누/공책
- **cartão postal** 까르따웅 뽀스따우/엽서
- **grampeador** 그람삐아도르/스테이플러
- **caneta-tinteiro** 까네따 친떼이루/만년필
- **lapis-cera** 라삐스 쎄라/크레파스
- **estante** 에스딴치/책꽂이
- **tinta** 친따/물감, 잉크
- **cola** 꼴라/풀
- **folha** 폴랴/종이
- **tesoura** 떼조우라/가위

5. 가전제품

geladeira
젤라데이라/냉장고

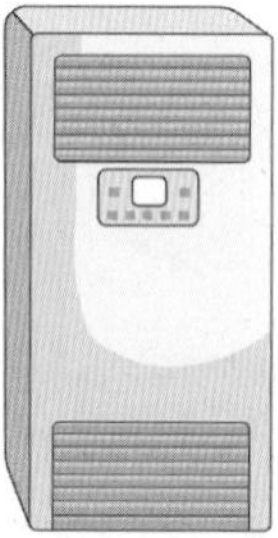

ar condicionado
아르 꼰디씨오나도/에어컨

câmera
까메라/카메라

liquidificador
리뀌지피까도르/믹서기

televisão
뗄레비자웅/텔레비전

ventilador
벤칠라도르/선풍기

máquina de lavar roupas
마끼나 지 라바르 호우빠스/세탁기

- **aspirador de pó** 아스삐라도르 지 뽀/진공청소기
- **purificador de ar** 뿌리피까도르 지 아르/공기청정기
- **secador de cabelo** 쎄까도르 지 까벨루/헤어드라이기
- **máquina de café** 마끼나 지 까페/커피머신
- **torradeira** 또하데이라/토스트기
- **forno elétrico** 포르누 엘레뜨리꾸/전기 오븐
- **fogão a gás** 포가웅 아 가스/가스레인지

6. 주방

- **faca** 파까/칼
- **lava-louças** 라바 로우싸스/식기세척기
- **forno** 포르누/오븐
- **purificador de água** 뿌리피까도르 지 아구아/정수기
- **tábua de cortar** 따부아 지 꼬르따르/도마
- **bandeja** 반데자/쟁반

7. 승용차

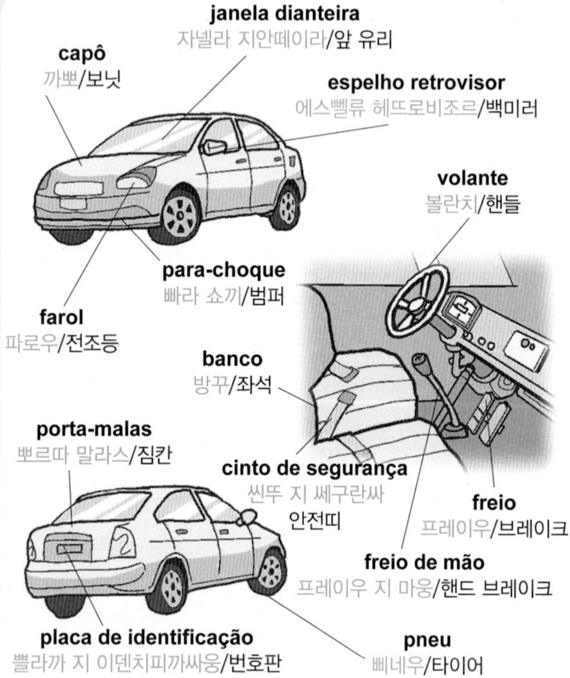

- **seta** 쎄따/방향 지시기(깜빡이)
- **para-brisas** 빠라 브리자스/와이퍼
- **câmbio manual** 깜비우 마누아우/수동 변속기
- **embreagem** 엠브레아젱/클러치
- **acelerador** 아셀레라도르/가속 페달
- **buzina** 부지나/경적
- **motor** 모또르/엔진

8. 인체

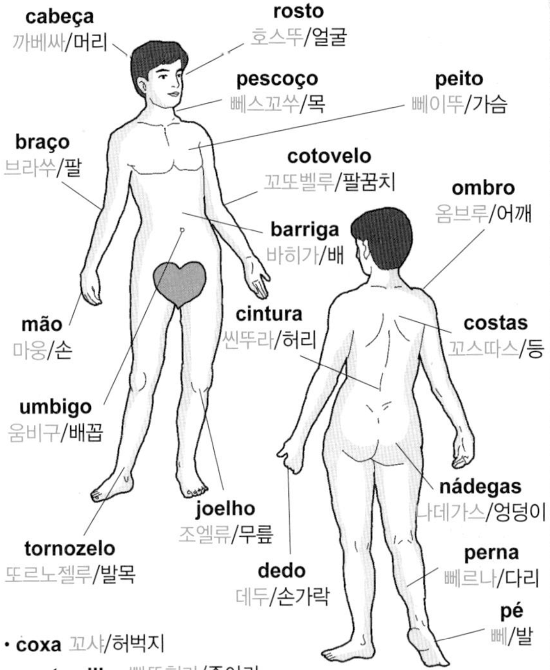

- **coxa** 꼬샤/허벅지
- **panturrilha** 빤뚜힐랴/종아리
- **cabelo** 까벨루/머리카락
- **sobrancelha** 쏘브란셀랴/눈썹
- **queixo** 께이슈/턱
- **lábio** 라비우/입술
- **olho** 올류/눈
- **língua** 린구아/혀
- **barba** 바르바/수염
- **testa** 떼스따/이마
- **nariz** 나리쓰/코
- **garganta** 가르간따/목구멍
- **bigode** 비고지/콧수염
- **boca** 보까/입
- **orelha** 오렐랴/귀
- **coração** 꼬라싸웅/심장

9. 과일

morango
모랑구/딸기

limão
리마웅/레몬

cáqui
까끼/감

uva
우바/포도

laranja
라랑자/오렌지

manga
망가/망고

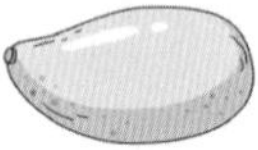

melancia
멜란씨아/수박

banana
바나나/바나나

abacaxi
아바까시/파인애플

melão
멜라웅/멜론

pêra
뻬라/배

maçã
마쌍/사과

- **coco** 꼬꾸/코코넛
- **pêssego** 뻬쎄구/복숭아
- **mamão** 마마웅/파파야
- **tangerina** 딴제리나/귤
- **toranja** 또란자/자몽
- **abacate** 아바까치/아보카도

berinjela
베린젤라/가지

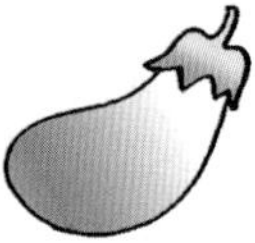

cebola
쎄볼라/양파

repolho
헤뽈류/양배추

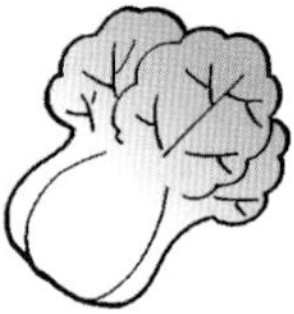

alho
알류/마늘

pepino
뻬삐누/오이

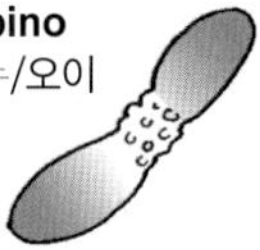

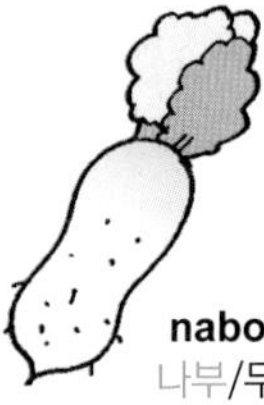

nabo
나부/무

abóbora
아보보라/호박

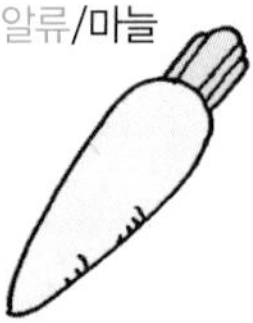

cenoura
쎄노우라/당근

batata
바따따/감자

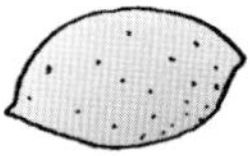

batata-doce
바따따 도씨/고구마

- **gengibre** 젠지브리/생강
- **cogumelo** 꼬구멜루/버섯
- **coentro** 꼬엔뜨루/고수
- **alface** 아우파씨/상추
- **soja** 쏘자/콩
- **cebolinha** 쎄볼리냐/파
- **tomate** 또마치/토마토
- **espinafre** 에스삐나프리/시금치
- **rebentos de bambu** 헤벤뚜스 지 밤부/죽순
- **couve-flor** 꼬우비 플로르/콜리플라워

11. 동물

- **leão** 리아웅/사자
- **elefante** 엘레판치/코끼리
- **camelo** 까멜루/낙타
- **girafa** 지라파/기린
- **crocodilo** 끄로꼬질루/악어
- **hipopótamo** 이뽀뽀따무/하마
- **águia** 아기아/독수리
- **baleia** 발레이아/고래

■저자 **원마리엘라**

한국외국어대학교 포르투갈어과 졸업
한국외국어대학교 통번역대학원 한서과 졸업
현재 포르투갈어 통번역사로 활동 중

■저서

혼자배우는 브라질 포르투갈어첫걸음
브라질 포르투갈어 일상회화사전

HandSumbook

통기초 브라질 포르투갈어 생활회화

초판 1쇄 인쇄 2021년 5월 10일
초판 1쇄 발행 2021년 5월 15일

지은이 원마리엘라
발행인 박해성
편집인 김양섭 **기획마케팅** 박상훈, 이민희
발행처 **정진출판사** 02752 서울 성북구 화랑로 119-8
대표전화 (02) 917-9900
홈페이지 jeongjinpub.co.kr **이메일** jj1461@chol.com
출판등록 1989년 12월 20일 제 6-95호

ISBN 978-89-5700-166-0 *10770

• 이 도서의 국립중앙도서관 출판예정도서목록(CIP)은 서지정보유통지원시스템 홈페이지(http://seoji.nl.go.kr)와 국가자료공동목록시스템(http://www.nl.go.kr/kolisnet)에서 이용하실 수 있습니다.(CIP제어번호 : CIP2020048313)
• 파본은 교환해 드립니다. 책값은 뒤표지에 있습니다.